星出版

新觀點
新思維
新眼界

Star★星出版

今年我想這樣生活

#CHILL
Turn Off Your
Job and Turn
On Your Life

布萊恩・E・羅賓森 博士
Bryan E. Robinson, Ph.D. 著

李芳齡 譯

謹將本書獻給我的配偶傑米．麥卡勒斯——
我人生中的摯愛，也是我最愛的鎮定劑。

For my spouse, Jamey McCullers,
the love of my life and my favorite chill pill

目錄

前言
全新生活提案

小學時，我最討厭的就是假期。當老師忘了出耶誕假期家庭作業時，我會特別舉手提醒。中學時，我編導、製作教堂公演的耶誕劇，並且設計、搭建舞台，同時飾演主角約瑟。我父母經常上演爭吵、摔家具的戲碼，混亂失控是日常，做很多很多事帶給我一種掌控感，那是我的原生家庭不曾給我的。

成年後，我深陷於工作成癮。我需要我的工作，我隱藏這項需求，不讓其他人知道，就像我的酒鬼父親需要並偷藏他的波本威士忌一樣。小時候為了控制我父親喝酒，我會把他的酒倒掉，在酒瓶裡裝入醋；現在愛我的人懇求我，設法讓我不要一直工作。

　　每個夏天，我們出發去度假前，我的配偶傑米會翻我的行李袋，沒收我打算偷偷帶去我們在南卡羅萊納州海邊租的度假屋要做的工作。不論他翻找得多仔細，總會遺漏我摺得服服貼貼、夾在記事本裡的文件，我把記事本塞到牛仔褲的口袋裡。

　　當傑米和我們的親近友人邀請我去海灘散步時，我會說我累了，想要小睡一下。他們去游泳、衝浪時，我會偷偷在只剩下我的屋內工作，拿塊板子放在大腿上充當工作桌。聽到有人回來的腳步聲，我就趕快把文件塞回牛仔褲的口袋裡，把板子藏起來，平躺在床上假裝睡覺。

　　我後來才發現自己是工作狂。工作是我的庇護所——我找到安穩感與自我價值的源頭，幫助我抵擋我對人生的不確定感。是的，我真的很努力工作，但是我用工作來防禦不愉快的情緒狀態，減輕焦慮、悲哀與沮喪感。傑米抱怨我總是不在家，縱使人在，心也不在，但我的大學同事說我盡責勤懇。我父親出殯那天，我還是把大部分的時間投入工作。我母親與姊妹和老鄰居一起用

餐時，我人在四十公里外的大學辦公室裡做一項計畫，那項計畫不重要到我現在都想不起來是什麼了。傑米說我有控制欲，處世執拗，不懂得活在當下。但是，晉升、讚揚、優渥的收入……我用這些理由來反駁、甚至詆毀他：為什麼他不能扮演好另一半的角色，更支持我一點？為什麼他總是要拿問題來騷擾我，不讓我專心發展事業？

我的生活在崩塌，我束手無策——我是這麼以為的。我笑不出來、吃不下飯，不在乎自己是生是死。儘管我出版了第一本書，還有其他很棒的計畫正在進行中，我仍然如行屍走肉，是個菸不離手、不斷灌咖啡因的工作狂，被深深的自我懷疑糾纏困擾。我沒有親近的朋友，記憶力嚴重衰退，家人懷疑我是否罹患了初期阿茲海默症。我對同事厲聲說話，他們如數奉還。工作，工作，工作，我就是停不下來。

當我尋求諮詢，「幫助傑米解決他的問題」時，治療師反而跟我談我的工作成癮及工作與生活失衡。我加入工作狂互助會（Workaholics Anonymous），開始接受治療，偶然接觸到瑜伽

和冥想，最終幫助我熬過艱難考驗的是正念冥想
（mindfulness meditation）——在當下把注意力聚
焦於我的感覺，仁慈、不作任何批判地與自我連
結。練習正念冥想幫助我走出來，進入更清醒、
健全的生活，傑米和我開始了解到我們的關係基
礎裡的裂縫。

我開始全新看待生活，觀看傑米照料他的蘭
花，體會園藝工作內含的智慧與樂趣。學會放鬆
後，我訝於發現自己有多愛割草的氣味、蜂鳥給
花兒授粉的景象、溫暖土壤在我指間的感覺，以
及和鄰居閒聊的愉悅。

現在，每週六我不再待在地下室工作，我期
待週末的園藝工作、跳蚤市集、和傑米去看午後
場。我們去度假時，我再也不假裝要小睡了。我
會去船塢邊釣魚，去海邊散步，去游泳戲浪。學
會專注於當下，使我能夠盡情享受、品味生活，
不再像過去沉湎於無止境的工作。

1月

新的開始

我不需要吸毒，因為我的血流會自行製造冰毒。

——工作狂互助會成員

　　學會放鬆一點過日子，好處太多了。一月是新的一年的開始，有著無限的可能性。有什麼時間比 1 月更適合重新評估、重新啟動的呢？January（1月）這個字是以「Janus」（傑納斯）命名的，他是羅馬神話中的門徑守護神。門徑和起跑門很多，我們每個人都從不同的開始。這就引發了一個疑問：有沒有可能你只能從「你現在身處的地方」開始？你不妨和別人小小比較一下，偷偷告訴自己，你應該進一步學會建立更放鬆一點的生活。重點在於，你應該從你自己的門徑開始這個新的一年。不停地工作，使你迷失在焦慮、緊張和各種預期中，看不見生活的所有可能性。你是否願意承認，不停地工作已經把你的生活搞得一團糟，面對很多因素與境況，你感覺無能為力？你想要開始探索你目前的境況，讓生活變得更平衡一點，有更多時間放鬆？你是否願意放下你的評斷、期望、成見，全新看待你的生活？

　　佛教稱此為「正念」（Right Mindfulness）：從無意識的自動導航生活模式中清醒過來，變得充分覺察當下。「初心」（beginner's mind）——以敞

開的方式處世，開放自己，迎向無限的成長機會，有什麼比初心這樣的胸懷更適合開始正念呢？

　　傑納斯有兩顆背部連在一起的頭，象徵他同時向前及向後看。在本章，你有機會回顧你的生活，看看過度工作是否已經導致你的生活失控。向前展望，你思考重新開始的方法，圍繞著對你最重要的東西建立生活基礎，讓一切變得更能夠管理。你發覺自己過去忽視的，以及在新的一年，你必須更關注什麼，以獲得更好的平衡——也許是一段搖搖欲墜的關係、更健康的生活型態、更好的工作習慣、放慢腳步，或是更正面的觀點。

搭建你的鷹架

　　你的工作成癮習慣就像一棟老舊建物，需要翻修，才能擋得住來日風風雨雨的侵襲。在安排翻修工作時，你需要暫時性的鷹架——你可以站在上面的木板，或是可以倚靠的金屬支架，直到你的地基穩固了。

　　首先，請你找個安靜的地方，坐個五分鐘。

閉上眼睛，默問自己：你是否有足夠的結構可以創造新的開始？例如，自我照顧的新計畫？參加工作狂互助會的聚會？找諮商師談談？每天練習冥想？

若你還未考慮過你的新鷹架，想想哪一種支援，可能在新的一年為你帶來更好的平衡。就像建築工地逐步拆除鷹架一樣，隨著你發展出足夠的韌性，可以支持比較健康的工作與生活平衡，你一開始採用的這些策略就可以不用了。

擁抱你的缺點

若有人要你列出一張你的性格缺點清單，這張清單可能會長到碰到你家門口。看到缺點太容易，看出自我價值則太難。當你傾向去看每一道小裂縫，不是去看一整片光亮的表面時，任何成功看起來都會覺得像是失敗。

真正美麗的東西都不是完美的。缺點是不完美人類的特徵，所有人都有缺點，你也不例外。你只是一個克盡己力的不完美人類，每個人都是。但你可能需要改變思維，才能夠真正體悟到

這點。

　　問問自己，你需要做什麼，才能夠真正擁抱你的缺點，肯定你的成就。想像伸開你的雙臂去環抱你的缺點，接受你無法改變的東西，改變你能夠改變的東西。

關閉你的自動導航生活模式

　　很有可能你一直以自動導航模式過你的生活，不是根據環境或日常需求作出調整。你或許從早上起床後就開始一直奔忙，然後對時間生氣，因為一天24小時不夠用。

　　當你瘋狂忙於一項計畫，一邊擔心主管不喜歡你的成品，一邊想著即將到來的週末時，你是處於不用心（mindlessness）狀態。練習正念——平靜地觀察、意識到你正在做的每件事，能把你帶離自動導航的生活模式。這樣，你就能以平靜、更具同理心的方式了解你的周遭，聚焦於當下發生的事。不論是在院子裡除草，或是在準備晚餐，養成習慣，用心留意你的日常活動，專注於覺察、感受你正在做的事，不是只想著趕快完

成這件事，這樣就能夠豐富你的生活。

避開工作快感

工作成癮被稱為本世紀的古柯鹼。在大型律師事務所及大大小小的公司，一週工作六十、八十、甚至一百小時，司空見慣。工作狂承接的工作量高於能夠完成的負荷量，夜以繼日，同時處理多項工作，趕著在緊湊的截止日期之前完成。很多人通宵達旦，工作累到撐不住了，就直接睡著。

工作快感來自腎上腺素充電的工作癮，有人說，注入你的血管裡的腎上腺素激湧，是比任何毒品都要強烈的興奮劑。若你是工作狂，歷經時日，你需要更大劑量，才能維持初始的快感。你讓自己和周遭的人承受想要下一次快感的壓力。短期而言，放慢腳步可能會令你覺得有點掃興，但長期的回報是更深層、更令人覺得滿足的另一種快感：輕鬆。

一旦你覺得自己的生活變得失控，你必須誠實省視你的工作與生活的失衡情況。你現在就

可以開始，問問自己：你可以作出哪些有益的改變，讓生活更平衡一點？

一次一小步

不論你的工作負荷有多大，你都可以從「一次一小步」這句話中找到安慰。當生活的擔子重到難以負荷，當你陷入猶豫不決，為了太多責任而煎熬時，這句話可以幫助你順航於工作與家庭的海量需求中，調適於你給自己的壓力，避免一些不必要的情緒紛擾。

另一句重要的話是拉丁文的 *festina lente*，英譯是「make haste slowly」，「急事緩處」的意思——無論是工作、愛情、玩樂，都謹慎地逐步而行。絕大多數的問題昨天已經有了，或是明天才要發生，但昨日已逝，明日尚未到來，你擁有的就是現在。你只要處理現在需要解決的事情，明天，你可以處理明天需要解決的事情。

練習深度聆聽

也許你有時心不在焉，沒有在聽別人說話，

因為你一直想著其他事情。你是否設法迴避深入檢視你的內心？你是否在交談中搶著說完別人的話，想要趕快結束談話？你是否太想要傳達你的觀點，以至於不聽別人的觀點？或者，你滿腦子想著要完成你桌上的那份報告，根本沒認真聽別人在說什麼？

當雙方都願意溝通問題、說出疑慮時，深度聆聽才會發生。雙方都致力於透過同理心，尊重對方的觀點，和諧交流，不批評，只有愛與同情。

你要如何做到深度聆聽？有沒有什麼方法，能夠幫助你改善在工作場所、家裡及玩樂時的傾聽能力？例如，不急著思考你接下來要說什麼，或是急著把談話導向你的觀點，試著全神貫注聽聽看對方說什麼、觀察對方的感覺。聆聽時，眼神直視著對方，別提供意見，除非對方問你。聽完後，複述你聽到的，表達你的同理心，告訴對方，你如何體會對方的感覺。最重要的是，專注於當下，別心不在焉，想著工作的事。

慎防無根據的負面預測

為了生存，我們天性傾向更注意威脅。若你是工作狂，你會加倍傾向以「戰或逃」的模式工作，毫無根據地預測未來的「負面結果」，縱使證據指向相反。也就是說，你很容易把中性或正面的境況解讀成負面境況。

這種扭曲思考，是一種不可靠的資訊源頭。請試著減少這種徒增壓力的思考方式，開始善用你的心智，不是讓你的心智操控你。

第一步就是覺察你在作負面預測，問問自己，你是否有證據支持這樣的負面預測？在作結論之前，先找到證據，這能夠大大減少你的自我憎惡、不必要的憂慮，顯著節省你的寶貴時間。經過刻意練習，你會開始注意到，你正面思考與感覺的能力大增。

對自己賦能

你賦予誰權力去掌控你的工作生活？你准許誰評斷你的工作量是否適足？當你告訴自己，你需要更多工作時間，你應該如何、你必須如何，

1月 新的開始

今年我想這樣生活 #CHILL

或你真的無法如何時，你變成受害者。

你不受工作世界的擺布，只是你這麼認為而已。你必須有所改變，讓自己不再覺得瘋狂趕工、腎上腺素激增、疲勞是正常的。不論工作壓力變得多大，你有自由選擇如何應付困難情況，如果你不允許的話，任何工作需求都無法剝奪你這項自由。

下列是對自己賦能的一些日常做法：

- 非緊急但很難處理的電子郵件，別立刻回應。深呼吸，暫時離開一下去外面走走，或是喝點你喜歡的飲料。

- 收到壞消息時，聚焦於正面部分。舉例來說，不是想「我得繳一大筆稅」，而是想「我今年賺得比較多」。

- 感覺壓力大時，回想你曾以信心和勇氣去應付某項挑戰的情形，特別留意你的肌肉放鬆了，心跳減緩，呼吸慢下來了。

聚焦於隱藏的機會

壓力大時，你的心智傾向聚焦於不利威脅，

而不是主動尋找問題隱藏的正面機會。當你因為危機尋求解方時，負面情緒很容易使你一直聚焦於問題，沒有意識到自己忽視機會。

正面把你帶向更多的可能性，有助於減輕你的壓力。正向思考能夠擴展你的世界觀，改變你看事情的角度，讓你獲得更多資訊，有助於得出更好的解決方案。

為了看見負面境況隱藏的機會，請試著這麼思考：「我如何讓情況變得對我有利？」，「在這種情況下，我如何應付、能夠學到什麼、克服哪些挑戰？」

停止怪罪他人

你有多常把你的缺點或壞心情說成是別人的錯？當事情沒有按照計畫或你設想的走時，你應該深入檢視自己，找出真正的原因。

一直埋怨他人，不會改變你不快樂的原因。歸咎於他人，只是讓你不誠實檢視自己，一逕尋找外部理由解釋你的不滿。

每次你因為工作挫敗感歸咎於同事或家人，

你就是在阻擋自己治癒你的工作成癮。請寬容地檢視自己，承諾對自己的行為負責，敦促自己從工作青春期成長至工作成熟期。

凌駕負面天性

科學家說，所有人都容易受到負面傾向的影響，導致我們很容易高估生活中的阻撓，低估克服它們的能力。當你經常處於生存模式時，難怪你的工作與生活很容易失衡。

當然有好消息（別忘了要正面思考），祕訣就是請你低估挑戰的難度，高估你處理問題的能力。科學家說，需要三個正面積極的想法，才能抵消一個負面消極的想法。只要練習，你可以改變你的心智自然、反射性的負面傾向，活絡你的休息和消化（rest and digest）反應。學習把工作需求看成值得你體驗的冒險，挫折是你學到的寶貴經驗，不是你必須忍受的失敗。

擁抱不確定性

事情不可能總是按照計畫或設想的走，出點

差錯在所難免，意外總是喜歡攻其不備。也許，你去野餐時突然下雨了；你的車子在行進中突然熄火了；感冒導致你無法正常工作。你不會總是如願獲得升遷，人生不是按照你安排的計畫表走，生活不會總是如願以償，你必須順應生命的安排。

工作成癮仰賴確定性及可預測性，你會想要知道什麼事將在何時、何處、如何發生，以及涉及誰，否則你會感到不安。

學習接受事情未必一如預期，沒有一定如何的結果，可使你避免過度期待，解放自己。接受這個事實：對於每一個可能性，總有許多方法可以解決。

學習享受等待

因為你正在閱讀這本書，我猜想，你可能經常不耐煩等待問題的解方。你可能希望快點得到答案、早點結束，甚至經常作出衝動的決定，只是為了快點做下一件事。

如果正確的決策存在一顆蛋裡，你不能強迫

1月 新的開始

這顆蛋下一秒就孵出小雞；工作上的重要決策，並不會因為你強迫執行就產生好的結果。框外思考得出的好解方，往往是你在做其他事情時想到的，例如：打掃空間或整理你的辦公桌時，它們需要好時機才會出現。

　　從容的工作者通常能夠同時持有兩種相反的意見或決定，不會貿然作出選擇。展開計畫前，你可以先蒐集所有必要事實，好好做點研究，避免不必要的犯錯，權衡不同的決定，直到浮現最好的解決方法。一旦你學會享受等待，就不會介意等待享受。

容許彈性空間

　　你可能沒在各項工作之間保留彈性，把行程安排得十分緊湊，一個接著一個，完全沒有緩衝時間可以處理一些突發事件，甚至上廁所。工作之間就算有空檔，你也會用來處理清單上的另一項工作，不是把這多出來的時間用於深呼吸、放鬆，或是提早幾分鐘出現與他人會面。

　　毫無餘裕使你經常承受很大的壓力，忙完一

件事，馬上就趕著忙下一件。當生活中出現一顆曲球——交通堵塞、家庭危機或健康問題，你就不知所措，非常焦慮。

藉由創造舒適的餘裕，你可以顯著減輕這種壓力。想要放鬆一點，你可以利用通勤時間抒解日常壓力，聽聽音樂，聚焦於能夠讓你放鬆的事，不是一直回想今天工作上發生的事。

練習自我接納

你可能是個非常挑剔的人，很少人能夠達到你的標準，就連你自己也經常不滿意。從容的工作者設定95％至100％的目標，爭強好勝的人設定不切實際的150％目標。當高要求的你達不到自己訂定的目標或標準時，你的自尊心會無情地苛責自己，確保下次「做對」。問題是，對你這種完美主義者來說，下次你還是會覺得自己做得不夠好。

這種內心的自我苛責助長了工作成癮。因為不能接受無法達到自己設定的嚴苛標準，你逼迫自己工作得更賣力、時間更長，忽略其他事和其

他人，更用力追求表現與成就。

　　一旦你學會自我接納，接納你的缺點和容易犯錯，你就能在犯錯時不再那麼用力自我譴責，而是自我接納。這麼做將使你敞開心胸，聽進一些有創意的想法，成為更好的工作者、同事及家人。好好考慮放棄追求完美，致力於做你自己，用自然的方式表達自己。

避免多工作業

　　你可能和許多行程排得過滿的人一樣，認為在期望立刻看見成果的24/7工作文化中，多工作業是必要的生存手段。你或許覺得一次只從事一項活動，生產力低。

　　研究顯示，多工作業的效能，並不如人們以為的那麼好。在處理電子郵件與簡訊之間切換，其實會降低你的聚焦力及生產力，在過程中使你的大腦疲勞。多工作業也會減損效率和生活品質，經常產生思慮不周的計畫，最終令你承受更多、壓力更大。

　　你偶爾必須同時執行不只一項活動，但你總

是可以選擇對多工作業踩煞車，避免它變成你的常態工作模式。你可以先排定順序，設定同一時間做更少事務。你可以刻意放慢速度，完成一項計畫後，再開始另一項。

投資於你關愛的人

當工作變得比其他東西更重要時，你會發展出一種型態——忘記、輕忽或減少家庭儀式及慶祝活動的重要性。你錯過孩子的謝幕；你忘記生日派對；就算你出席了，可能也無法專心，因為你一直想著工作上的事。

你曾經因為工作而錯過什麼？小孩在學校的表演，或是你女兒的一記絕殺球？你應該深思，當你總是把工作擺在優先時，這對你的家人傳達了什麼？想想你的工作型態，改變那些無法支持你的家庭要務的工作模式。

知道你會否認

可能有人告訴你，你工作過度。也許是你心愛的人說，你從來不撥出時間給他們；同事說你

總是第一個到辦公室、最後一個離開的；或者，朋友說很難見到你。

若你明天就離世，你對自己的生活方式滿意嗎？如果你願意停下腳步，聽聽別人的意見，或許你會發現自己一直被不停工作擺布，你把它說的謊言當真。否認是工作成癮的一部分，它可能告訴你，如果你放鬆的話就會落後，或是一些不理想的情況就會發生。或者，你哄騙自己相信，你只是努力賺錢，想讓自己和家人的生活好一點。但實情是，你只是在為你的一個內在疾病上藥。我建議你花點時間盤點一下，你投入多少時間和精力在工作以外的興趣？不要自我批判，看看你忽視什麼，給予更多關注。

別逃避，學會共處

你或許習慣不去理會引發你煩惱的不愉快情況或問題，繼續讓自己保持忙碌，讓心思轉移到別處。逃避可以抑制焦慮不安的火焰，帶來暫時性的解脫，但無法解決長期的心理負擔。

這種暫時轉移注意力，會把你帶離當下，遮

蔽你的明晰及自我了解。建議你改變這種逃避的習慣，透過冥想，讓你的心智平靜下來。注意你的煩惱與心理負擔，與它們同坐，完全不帶批判地覺察到它們的存在，回歸平靜初心。

做個小實驗：下次，當你感覺不安或焦慮時，向內看，接受這些感覺，與它們同在。和當下連結，以寬宏的態度，認識自己的這個部分。不要試著改變這些感覺，就只是與它們同坐，就像你坐在一位生病的朋友身旁陪伴著，這樣就行了。和不愉悅的感覺同在，用心觀察，每當你的思緒或身體感覺把你拉走時，輕輕地把注意力帶回來。練習一段時間之後，你會感覺生活似乎變得比較順遂。

放手

我們大多數人都一樣，從小大人可能會教：要堅持下去、克服阻礙，這是勇氣與耐力的象徵。弔詭的是，堅持及頑強抵抗也可能是無知的象徵。若你知道抵抗把你拉向大海的危險激流會導致你溺斃，你還會頑強抵抗嗎？在這種情況

下，以及在生活中的許多境況下，你需要更強大的力量和勇氣放手，你需要放鬆。

放手不代表放棄。對你無法掌控或無須掌控的東西放手，不要試圖掌控。當你放手，你就贏得全世界。你不再為了小事心煩，不再小題大作。你開始盡力而為，聚焦於大戰事，而非小戰役。讓生活自動延展開來，別試圖強迫凡事按照你的意願和要求來。

別自詡為犧牲者

你總是拒絕把工作交派出去，承擔超過負荷的工作量，甚至拒絕休假嗎？你責怪你的工作環境，抱怨上司，也抱怨同事不像你工作那麼賣力？若是的話，你是在自我虐待，剝奪自己的權利，試圖把全世界扛在肩上，但是你自己扛上去的。

或許該是時候問問，是不是你的壞習慣或負面態度導致你的工作問題？想想如何為你自己導致的問題負責吧。你可以採取什麼行動？更常說「不」？把一些工作交給別人？安排優先順序？用更有效率的方法工作？找個能夠幫上忙的主管或

前輩談談？辭職？

留意別對自己毒舌抨擊

　　想像你的頭撞到櫥櫃，痛死了！但是，這第一記打擊之後，第二記打擊隨之而來，你毒舌批評自己：「哎喲！我怎麼會那麼蠢。」當你做某件事失敗了，或是犯了一個錯、遭遇到挫折時，自我批判的毒舌創造了另一層壓力，令你難過。絕大多數導致你難受的是這第二記的毒舌打擊──你加諸自己的壓力。若你能夠移除這第二層批判，就比較能夠自在處理真正的壓力源。

　　下次你遭受到打擊時，請留意你對自己的毒舌抨擊。請試著不帶批判地觀察自己，在苦惱的境況下，保持沉著冷靜。保持鎮定，不像聽起來那麼容易做到，但是很值得練習。每次遭遇打擊時，你知道你不需要再給自己第二記猛烈的毒舌抨擊，在任何境況下，你都可以保持自在、從容。

填補你的情感帳戶

　　說實話，對所有的請求說「好」，等同經常

1月 新的開始

對你自己說「不」，使你無法做有意義的事。有能力說「不」，不是一種弱點或失敗，而是一種性格上的長處。

想像你自己是一個銀行帳戶，若「提款」——工作過度或照料他人而過勞——超出了自我照顧，就該是投資於照顧自身福祉的時候了。避免燃燒殆盡的要訣其實很簡單，當你已經過荷時，藉由說「不」，每天撥點存款到你的情感帳戶，確保自己獲得充分休息、運動和營養，把你感興趣和能夠補充活力的事情擺在優先。當你把照顧自己擺在第一優先順位時，你就會有更多精力可以投資於事業和個人追求上。你可以對什麼說「不」，好讓你專注於創造更好的工作與生活平衡？想想看，你可以做哪些事，每天撥點存款到個人情感帳戶，抵銷你應允的各種請求？問問自己：「我要如何開始？」

別再凍結自己

想要做事的衝動壓倒你想要改變的渴望，你把感覺擱在一邊，避免自己進入不愉快的情緒狀

態，例如：焦慮、悲哀、沮喪等。沉浸於工作，帶給你安全與保障感，不論工作本身是否帶給你滿足感。

當你開始致力於追求更平衡的生活，你就從只會做事的機器人變成有靈魂的人類。你可能注意到你的焦慮感開始融解了，你對自己和他人都更溫和。你學會鬆手，不再堅持完美主義，找到看重、珍惜自己的其他途徑。

透過不停工作尋求慰藉，讓你避開關係衝突，你選擇做一些自己能夠掌控、感到安全的活動。但是，用無止境的工作填滿生活，只會讓你變得麻木，你的感覺被凍結，與他人的情感失連。新的一年，你應該開始探索你的內在有什麼需要解凍。

照鏡子

一個陌生人走近正在田裡工作的農夫，對農夫說：「我在考慮搬家，我想知道，住在這裡的人們如何？」農夫問：「你來自的那個地方，人們如何？」陌生人說：「他們自私、小氣，一點

也不友善，我樂得遠離他們。」農夫回答：「我想，你會發現，這裡的人也一樣。你不會喜歡這裡。」陌生人聽完便離開了。

那天稍後，另一個陌生人出現，對農夫說：「我在考慮搬家，我想知道，住在這裡的人們如何？」農夫問：「你來自的那個地方，人們如何？」陌生人回答：「那裡的人很好，慷慨、仁慈、很友善。離開他們，我很難過。」農夫回答：「喔，我想，你會發現，這裡的人也一樣，慷慨、仁慈、很友善。我相信，你會喜歡這裡。」

別人的缺點就像汽車的前照燈，似乎永遠比你自身的缺點更顯眼。當你對某人作出負面反應時，你往往是在反應你不喜歡自己的某些地方。只會聚焦於他人的缺點，是在逃避認知你自己需要改進的地方。

活在當下

如果你真正體悟，凡人皆有一死，你也不例外，你就知道人生苦短。別只是聚焦於今天的不順遂，也別憂慮明天可能會發生什麼事，看看你

現在的生活：一場接著一場的會議，下班後還是忙著講手機，週末繼續忙工作。想想你愛的人，請問問自己：「我每天過的生活，是否都是建築在對我而言最重要的東西之上？」

拉丁文「Carpe Diem」的意思是「活在當下」，提醒你過充實的生活，完成最重要的事。或許，今天是對某人說「我愛你」，或是作出告解、修補一段關係的好時機。或許，今天是時候做你尚未完成的某件事，或是你還沒開始做的一件事。

承認自己無能為力

在工作狂互助會，第一步就是承認你對自己的工作成癮無能為力，你的生活已經變得失控。承認自己無能為力，把自以為「無所不能」的優越感解除。透過承認這件事，你認知到身為人的易錯性，保持謙卑。承認自己只是個凡人、可以犯錯，你不是萬能的，無法事事親為。不論多麼努力嘗試，你都無法掌控這個世界和所有人，把人生的實際運作，交給比你更強大的宇宙來安排

吧。雖然聽起來有點違反直覺，但是當你能夠承認對強迫性工作習慣無能為力時，你反而會覺得有能力克服這個問題。

　　你只是一個人，無法做到一切，但你可以做好其中一些。雖然你被局限在你能夠控制的事情，你沒有拒絕那些將讓你的人生變得更健康、豐富的事。

1月重點

- 搭建暫時性的鷹架，直到你有足夠的信心和情緒韌性，追求更好的工作與生活平衡。
- 留意你想讓自己工作過荷的強烈欲望。
- 承認工作過度已經使你的生活失控。
- 時時省視你的內心，深度聆聽，充分感受你周遭發生的事。
- 學習承認你的缺點，完全不帶批判地擁抱你的每一個缺點。
- 接受你無法改變的事，改變你能夠改變的事。
- 把握今時今刻，全心全意活在當下，讓明天沒有遺憾。

1月 新的開始

2月

內心話，對自己仁慈

從容的工作者坐在辦公室裡，
幻想自己站在滑雪坡上；
工作狂站在滑雪坡上，
幻想自己坐在辦公室裡。

　　February（2月）這個字源於拉丁文「*februum*」，意指「淨化」——透過「*Februa*」這個淨化儀式進行。因此，傳統上，2月是淨化的季節。許多人說，2月中旬往往是一年當中天氣最令人鬱悶的時候，白晝短，寒冷且陰暗，人們傾向與酷寒的天氣隔離。但是，2月也被稱為「愛之月」——記得對他人與自己展現慈愛的重要性。

　　對過往的遺憾或對未來的擔心，是否經常讓你埋首於工作之中？若你在冬季時感到憂鬱，放鬆的最佳方法之一就是，找個比你更強大的力量源頭，淨化你的心情，幫助你記得自己並不是孤單的。這可以是一位宗教或靈性人物、一位密友、一個諮商師、工作狂互助會的一次線上聚會、你的導師，或許就能幫助你恢復目的及意義感，不再訴諸超忙及工作過度來獲得慰藉。

　　自我疼惜、對他人展現關愛，有助於提振低落的心情。慈善、關愛的行動，讓你得以從本身的負擔中稍微放鬆，與他人連結，帶給你目的感、自我價值感與喜樂，也就是所謂的「助人者的快感」（helper's high）。

在本章，你將會了解到慈愛的力量，以及它如何引領出更健康、更平衡的生活。你將會發現，你更能夠管理你的心智，不再總是受其左右。你對自己訴說的內心話，有助於清除你的憤怒及怨懟的想法，幫助你認知到，多數令你不愉快的人，包括：鄰居亂叫的狗、結帳插隊的人，甚至是在泳池畔跳水、把水潑到你身上的人，其實都跟你一樣只是人類。他們極可能也只是每天盡自己所能而已，你遇到的每一個人，身上都有一部分跟你相同。

練習正念

你注意到多少人一邊開車、一邊傳簡訊，或是一邊吃午餐、一邊敲鍵盤？或許，你也是其中之一。在自動導航的生活模式中，我們經常懊悔於以往的行為或擔心未來的結果，讓心思從當下逃竄，彷彿它阻礙了某個工作截止期限，或是變成議程上的下一個項目。如果你發現自己經常陷入這種狀態，那是你的心智在操控你，不是你在操控你的心智。

正念練習教你如何管理你的心智，透過練習，你把當下的注意力導向你的內心，學習聚焦於用慈愛對待他人和自己。

找個你覺得舒服的地方，張開眼睛或閉上眼睛都可以，把你的注意力完全放在自然出現的思緒上，別試圖改變，就只是觀察這些思緒大約五分鐘，就像你觀看一片葉子在小溪中漂流。留意你的心智與身體覺察到什麼，以及正念練習帶給你什麼感覺。

傾聽你的心

你來到這世上時，愛是你的核心，純粹的愛。歷經時日，你受傷，築起圍牆防禦，幫助自己在這所謂的「人生」中存活下去。你找到很多方法逃避心碎，讓自己忙個不停，累得要死。你以為一切都在掌控之中，但你的心還是柔軟的。

愛始終是你的核心，你可以感受得到——當你最大的孩子畢業時，當你最小的孩子投了一記絕殺球時，你的心漲滿了情緒，你知道。當你失去心愛的人時，你抑制不住流淚。為了讓自己敞

開心胸，擁抱脆弱，請深入向內探求，找到你的內心話。找出那些令你感動到無法言語的事物與體驗，你將會看到自己用更感性、更溫暖的方式對待生活。

每天給自己五分鐘的時間

當工作和日常事務總是你最重要的優先項目時，你很容易就會錯過生命中的美好時刻。你真的想要這樣繼續生活嗎？盲目奔波，心心念念著成果？

如果你暫時擱置事務，品味當下呢？我說的是很短的時間，一天1,440分鐘，你只需要撥出五分鐘，關注、品味一下你的周遭。你真的不要找藉口說，從日出到日落，你沒有那寶貴的五分鐘放鬆一下。你還是有1,435分鐘可以工作，做你需要做的事情。花五分鐘看看晨露閃爍，聞聞冬夜飄出的料理香味，聽聽鳥兒在你家窗臺上發出的啁啾聲，讓生活更細緻、豐富，這不值得嗎？

今年我想這樣生活 #CHILL

HALT

「HALT」這個首字母縮略字，是hungry（飢餓）、憤怒（angry）、孤獨（lonely）、疲倦（tired）四個英文字的首字母縮寫組成。當你出現工作成癮的症狀，把你拉離生活軌道，記得「HALT」這個字，這個警訊可以把你導向平衡。若你發現自己處於這四種狀態中的其中一個或多個，記得「HALT」，溫和提醒自己暫停一下或放慢速度。

「Halt」這個英文單字原本的意思就是「停止」，這是一個小小的記憶力機制，當你沉沒於工作苦海時，記得提醒自己深呼吸幾下，放鬆一點。首先，做個腹式深呼吸，用鼻子吸氣，屏息六秒鐘，然後慢慢從嘴巴吐氣。

記得要好好照顧自己：餓了就要吃飯；用建設性的方式釋放怒氣；覺得孤獨，你可以聯繫某人；累了，就去休息。

避免無謂的假設

你的上司經過你的辦公桌，你微笑點頭，她沒有回你，你開始納悶自己是否做錯了什麼，得

罪她。後來，你發現，原來她只是在想事情，沒
有發現你在打招呼。

　　自動接受負面想法，把擔憂當作事實，只會
徒增不必要的問題。對你自然產生的想法抱持懷
疑，等到有證據支持再說，這可以減少你很多不
必要的煩惱。練習一下，不要總是直接相信你的
假設，別急著下結論，等到你都問清楚了，也確
認事實，再把各點連結起來。

別害怕受傷

　　過度工作似乎把你包覆起來，讓你感覺很安
全，但也讓你和他人失去連結。你偶爾需要探出
頭來，在情感上冒點風險，分享你的感覺，說出
你的真心話，當你做錯時勇於道歉。

　　人生中你走過的最長旅程，是從你的頭部到
你的心臟那十八英寸的距離。敞開你的內心，讓
朋友、家人或同事看到你最真實的一面，當然會
有風險，但內心話的療效值得你冒這個險。

2月　內心話，對自己仁慈

放慢速度，好好吃頓飯

你知道美國人在速食餐廳吃午餐平均只花11分鐘？你呢？你也是這樣嗎？出門前隨便抓塊麵包或糕點吃，再大口灌下咖啡，就是急著出門？

營養良好的身體有較強的抗壓性，增加工作耐力。你餵養身體和心智的東西，將會影響你的大腦產出的品質，所以真的值得調整步調，把進餐列為個別活動，好好享受，為吃而吃，就像你對待重要案子一樣。

感恩於你已經擁有的

持續想要某樣東西，是因為欲望一直在擴增，但是欲望通常會增加不滿，加劇你的工作成癮，因為你想要透過工作幫助你的內在感覺好一點。表現在外的形式有很多種，也許你花錢過度，或是過度沉溺於某件事、把某件事情做過頭了。你必須認清一點：在人生中，一定會有你很想要、但不論多麼努力都無法獲得的東西。

你可以打破以往的惡性循環，用更可靠、更有益身心的方式創造滿足感，那就是真心感恩於

你已經擁有的。做法很簡單,你可以先把人生中你覺得十分值得、有意義的事物列出來,然後想想那些你認為理所當然,一旦失去之後將使生活變得空虛、相對不滿足的事物。

別再翻垃圾桶

　　你可能太習慣挑剔自己的缺點,從來沒想過更正面的自我疼惜方法,或許能讓你變成更有效能的工作者。你害怕自己變成一個敷衍、懶散的人,所以你嚴厲抨擊自己。

　　翻垃圾桶找你的缺點,只會妨害你成功。認識自己的有限與失敗,這點固然重要,但賞識自己的成就,對自己的優點引以為傲,和善對待自己,這些也很重要。

趕走自我懷疑這個魔鬼

　　自我懷疑是厲鬼,日夜糾纏著你。當你的工作非常忙碌時,它跟在你身後。當你在為大案子作簡報說明時,或是試圖修補一段關係時,它潛伏在你背後偷看。

　　適度懷疑是好事，這是一種制衡，幫助你探查真相，使你質疑目標，而不是過度樂觀地盲目一逕前進。但是，若過於極端，自我懷疑會削弱你，尤其是你相信批評能夠幫助你達成目標的話。

　　最好的方法是善待自己，如同你對待心愛的人那樣。在壓力很大的日子裡，對自己說些鼓勵、體貼的話，可以顯著消減你的壓力，幫你度過高低起伏。當你發現自己有不確定、懷疑的想法，這當然很OK，但是你不用想得太多、別作無謂猜測，而是要留意善用它們來幫助你達到日常平衡。

學習愛的語言

　　2月是省思與表達關愛的好時機，問問自己：「我真的愛我關心的人嗎？」若你現在維持一段親密關係，你和另一半使用的愛的語言也許不同。

　　有些人在另一半和自己度過有品質的時光，或是給予讚美肯定時，感覺被愛。有些人在另一半送禮或特別為自己做某件事時，例如：烹煮美

味的一餐，感覺被愛。有些人因為肢體接觸，例如擁抱、牽手，感覺被愛。

你會因為什麼事而覺得他人愛你？你很自然會做什麼事，向他人表達你的關愛？回答這些問題，可以大致看出你的愛的語言，以及你的另一半的愛的語言。下一步就是分享你的發現，經常練習說對方的愛的語言。把這件事落實在日常生活中，這對彼此是多麼棒的情人節禮物啊！

別當流星

美國企業界頌揚工作狂的優點，但研究顯示，工作過度導致效率差，侵蝕整個組織的信任。工作成癮的工作狂經常創造危機，以引起注意，然後化解危機，博得讚美。

若你是工作狂，你可能是對「執行過程」上癮，而不是對「完成工作」上癮。有時候，你投入的努力遠超過效率水準。最佳表現者其實是那些更有效率、投入工時較少的人。他們和同事有友好的互動，也有很好的合作觀念，擅長委託的藝術，動機是想作出有創造力的貢獻，因此願意

今年我想這樣生活 #CHILL

冒更多必要風險，以達成有創造力的正面成果。

工作狂的資歷發展軌跡就像流星，靠著一次的大功績快速竄升，爾後減緩持平。若你非常在意你的資歷發展，改變方法永遠都不嫌遲。你可以把工作交派他人，安排優先順序，學習別讓自己工作過度。別被細節絆住不動，你應該著眼大局。掩飾錯誤沒有幫助，你應該設法變得善於自我修正，從錯誤中學習。

注意你的身體健康

你可能和多數人一樣，對你的車子的關注，多過對自己身體的關注。你洗車打蠟、固定維修保養，確定油量充足。

在工作上，你有足夠的燃料，督促同事和自己在不切實際的截止日期前完成工作，可能也因此導致整個工作環境散播憂懼與混亂。你的身體被迫加速工作，但是當你提升速度開始操它時，你做了哪些保養？

你從小就習慣使用你的身體，可惜你對它的了解，還不如對你的車子的了解。引擎蓋下一發

出奇怪聲響，你就會檢查，但是你的身體發出過勞警訊，你卻不是很在意。哪裡有點痛，你可能隨便吃顆止痛藥就算了，身體機能變差可能是嚴重健康問題的徵兆，你卻不夠重視。

你的車子和你的身體有什麼不同？你活在你的身體裡。你必須知道它的狀況，仔細聆聽它的反應，這很重要。所以，動起來吧！好好照顧你的身體，珍視你在這個世界上的載具。

不要害怕去看你的陰暗面

一位同事曾經告訴我，有個客戶給了她一張百元美鈔，支付治療費用。客戶離開之後，她才發現，他誤給了兩張，因為鈔票黏在一起。她的第一個念頭是：「我可以把多出來的這張留著，反正沒人知道」，但後來她追了出去，把多出的百元美鈔還給那個客戶。

每個人都有陰暗面，你必須固定看看自己的那一面。你是否害怕檢視自己性格中的陰暗面，寧願花很多時間否認？想要根治工作成癮，你也需要願意承認你傷害過你關愛的人、朋友和同

事。你做得到,不要自我譴責,用自我慈悲,你將能夠看見更全面的自己。

順流才能掙脫

划獨木舟的人說,當你被漏斗形的湍流困住時,想要逃離的最好辦法就是放鬆,水流會把你推出去。但是,情急之下,你自然會想要對抗水流,這會使你困住,甚至可能因此溺斃。

同樣地,為了擺脫腦海中的負面思緒急流,你應該用好奇心迎接每一縷思緒。這聽起來違反直覺,但是當你讓思緒來來去去,不帶情緒地看待它們,不抗拒,不產生個人連結,它們最終會漂走。

想一下你一直有的某個負面想法,假想它在離你有點距離的地方,冷靜觀察片刻。當你可以冷靜看著這個思想時,你開始認知到,它未必定義你,它不是你,甚至未必是事實。你的不愉快感覺便會消退。

自在面對拒絕

想要取悅他人，很多時候是因為你沒有安全感，壓抑自己的聲音。結果呢？大家都喜歡你，獨獨你不喜歡自己。

當你試著滿足每一個人，你遲早會在各種期望中喪失自己。人生的現實就是，一定會有人（甚至很多）對你生氣或不開心，你不可能取悅所有人，把別人的拒絕當作常態看待就好，不要為了迎合他人而出賣自己。直率表達你的意見，陳述你的立場，學習說「不」。這的確需要很大的勇氣，但是你的內在會比較快樂一點，也會比較平衡一點。

別再當個旁觀者

覺得你的人生在上班中一天天消逝的人，請舉手。我想，大多數在看這本書的人都會舉手？覺得臨終時你會想起在辦公室工作的時光的人，請舉手。我想，這次應該沒幾個人會舉手了吧？

如果有人問你：「你的人生如果可以重來一次，你會作出什麼改變？」你會怎麼回答？少

今年我想這樣生活 #CHILL

說，多聽？就算家裡地毯髒了、沙發舊了，你還是會邀請朋友來家裡聚聚嗎？生病了，你會上床休息，不是擔心你耽誤工作，地球將會暫停轉動？你會更常說「我愛你」和「對不起」嗎？思考這些問題時，請留意你的想法與感覺。

自我肯定

學習在沒有外來肯定之下，客觀、冷靜地自我評價很重要。一旦你能夠做到這點，你就不需要外來肯定給你鼓勵和信心，你可以和工作建立更健康的關係。認知到你的價值，你就能夠建立自尊心，從內而外散發自信，成為從容、優雅的工作者，主宰自己的命運。

從現在開始，做得不錯就給自己讚美，用找優點取代挑毛病，不要讓瑕疵蓋過你的成就。記得經常肯定你的長處。

別再不忠於你的生活

工作成癮愈來愈嚴重之後，你往往會不顧家人和朋友抱怨，到處藏工作起來做 —— 公事包、

行李箱、背包、車椅下方、洗衣袋中、褲袋裡。
如果你跟許多工作狂一樣，你會偷藏你的工作，
偷偷摸摸地做，甚至對妨礙你的人發脾氣。不論
哪種情形，你都是在和你的工作私通，對你的生
活不忠。

偷渡工作來做（就像酒鬼偷藏琴酒），是一
種被極度渴望逼得不顧一切的徵象。你不惜任何
代價，只是為了滿足你的癮頭，就算這要對你愛
的人不誠實或會傷害他們，你也在所不惜。從工
作狂的角度來看，偷藏工作可以降低家裡面的緊
張。一旦真相暴露，心愛的人反而會覺得遭到背
叛、降低信任，這會嚴重傷害關係，有時難以修
補挽回。

當你想要工作的念頭強大到你無力抗拒時，
你應該自問：「為何欺騙有如此大的力量可以控
制我？」誠實可以讓你擺脫自我欺騙，教你認
錯，並且寬恕自己。

找到你的熱情所在

擁有熱情的工作者，受到內在需求及想要做

今年我想這樣生活 #CHILL

出創造性貢獻的欲望激勵。他們是很有創造力的冒險者，能力超越通常界限。

反觀工作狂，則是把工作當成世事難料的危險世界裡的一座避風港。從生理學上來說，擁有熱情的工作者以休息和消化（rest and digest）的反應運作，工作狂則以戰或逃（fight or flight）的反應運作——戰或逃引發大量分泌皮質醇及腎上腺素，削弱免疫系統，導致心臟疾病、糖尿病及腸胃方面的問題。擁有熱情的工作者善於自我修正，從錯誤中學習；工作狂則是試圖逃避或掩飾錯誤。

你可以問問自己，你是因為熱情或壓力工作的？當你的身心健康受到危及時，你的休息和消化反應能夠找到從容、鎮靜的方法應付工作事務，從中獲得更大的滿足感。

別讓挫折擊倒你

一名中國農夫有匹老馬為他耕作，有一天，這匹老馬脫逃到山丘上，所有鄉鄰都同情農夫的厄運，農夫說：「是厄運，還是好運，誰知道

呢？」一週後，那匹老馬從山丘上領著一群野馬回來，這下子鄉親都恭喜農夫的好運，農夫說：「是好運，還是厄運，誰知道呢？」農夫的兒子試圖馴服其中一匹野馬時，從馬背上摔下來，摔斷了腿。人人都認為這真是厄運，唯獨農夫不這麼想，他依然說：「是厄運，還是好運，誰知道呢？」幾週後，軍隊進入村莊，徵召村裡所有體格健全的男人去打仗，他們看到斷腿的農夫兒子，沒徵召他。這是好運，還是厄運，誰知道呢？

　　事情鮮少如表面看來的那麼糟，福賜往往以痛苦、損失或挫折的形式降臨到我們身上——若你可以這麼提醒自己，總是能夠在不幸中找到一些好事，在損失中找到收穫。每當你遭遇挫折時，你可以這麼提振自己：切記，好運或厄運，不在情況本身，端看你怎麼解讀，事情鮮少如你想的那麼壞或那麼好。

不要過度期待

　　康復圈中有句老話：「期望埋下憤怒的種子。」你對情況如何發展抱有期望，當意外狀況

使得事情發展不如你預期時，你自然會感到難過、失望。預期情況一定如何如何，會導致你用封閉的心態看待結果，若結果不符合你的預期，你可能會因此勃然大怒，這是最糟糕的變相執拗。

當你開始看出這是一種不成熟的處世態度時，你會逐漸了解到，這個世界以它自己的方式運作，很多事情無論如何都無法改變，不管你怎麼努力，都無法讓這個世界及人們全然順應你的想望。

若你屬於過度控制的人，應該認知到一點：你的使命不是建立世界秩序，而是要調整自己去配合這個世界。生活中充滿失望，你無法抹滅這點，但你總是可以選擇如何反應，以成熟的心態接納，妥善處理情況。

擺脫無線束縛

曾經，「黑莓」是你會吃的水果，不是反過來吃掉你的生活的電子裝置，「藍牙」則是代表你得去看牙醫。二十一世紀眾所周知的「24/7」一詞，取代了以往的「朝九晚五」。這些趨勢顯

示工作如何占據一天中的每一個小時，無線束縛變成捆綁你的項圈。沒錯，那些裝置能讓你在度假島嶼上使用筆電，在滑雪纜車上打手機回辦公室，但你若放任無線入侵者發號施令，可能會把自己累得一刻不得閒。

平日，工作持續入侵你的私領域，你必須密切關注你的私人生活，提醒自己以合理步伐前進，以慈善、友好的方式與他人保持連結，這需要你劃清工作與生活的界線。櫃子做好了以後，你不會繼續拿著鐵鎚或鋸子，你會把工具收起來，無線裝置不該一樣？工作與私人生活的界線，你抓得好嗎？這是個值得持續問自己的問題：你習慣打破界線，或者總是捍衛界線？想想你可以怎麼做，創造出更多放鬆時間。

仰賴比你更強大的力量

當你靠著我執獨自翱翔於世界，強迫生活朝向你想要的方向時，你是孤鳥。工作狂互助會的第二步教你相信，有一個比你本身還要強大的力量，可以幫助你恢復平衡一點的生活。

2月 內心話，對自己仁慈

　　光靠你自己，你永遠無法知道如何保持自在翱翔。相信一個比你更強大的力量，能夠帶領你飛翔。當你交付宇宙中更強大的力量去安排時，你帶著全新的信念與勇氣面對每一天。你的內在注入力量，你能夠克服阻礙，獲得平靜。

　　這股更強大的力量，可以是你信仰的神，或是日落、某個大自然景象、整個宇宙、工作狂互助會的線上聚會，或是你在某個支持團體中找到的力量。重點在於：相信有超越你的更強大力量，可以作為你仰賴的力量源頭。

2月重點

- 當你感覺招架不住時,請記得「HALT」。
- 記得關掉電子裝置,享受生活中的其他樂趣。
- 辨識你自己和你生命中重要的人的愛的語言,經常練習表達,改善你們的親密關係。
- 養成習慣:當你列出自己的缺點時,也列出你的優點,對自己有更平衡的描繪。
- 對於每一個糟糕境況,學會看它的正面,別讓挫折擊倒你。
- 與更強大的力量建立連結,不要總是聽命於你的自我。

2月 內心話,對自己仁慈

3月

放手，隨遇而安

你無法透過努力和意志力找到快樂，
但快樂此時已經存在，存在於自在和放手中。

——喇嘛艮敦仁波切（Lama Gendun Rinpoche）

今年我想這樣生活 #CHILL

在北卡羅萊納州山區，有句格言：「被熊趕上樹時，好好享受風景吧。」這句話是在給我們忠告：放鬆的最好方法，就是放下你對結果的執著，對你無法控制的境況隨遇而安。你可能和大多數的高效能工作者一樣，流經你腦海的負面思想，使你落入對這些思想信以為真的陷阱，只因為它們出現在你的腦海中，儘管它們讓你陷入有害的感覺、作出糟糕的決定。當你想的和現實情況不同時，你很容易就會受到負面情緒衝擊、感覺疲憊，會花很多時間苦惱於你無法掌控的事情，變得強迫、抗拒、固執。

3月（March）這個字，是以羅馬神話中的戰神瑪爾斯（Mars）命名的。3月就像一頭怒吼的獅子，天氣經常寒冷刺骨、刮著大風。3月激發你鼓起如吼獅或英勇戰神瑪爾斯般的力量與勇氣，使你能夠放手過度工作的習慣，對無法掌控的境況隨遇而安。

放手、隨遇而安不是一種挫敗，反而是展現個人力量的行動。當你能夠後退一步、輕鬆看待，認知到負面思想是座監牢，屏蔽你看見人生

所有可能性的能力。你需要如吼獅或羅馬戰神般
的力量與勇氣，放棄你對未知情況的掌控欲，讓
生命自然延展開來。

　　透過本章，祝福你發展出獅子般的勇氣，拿
掉你從小被教導要戴上的眼罩，它阻擋了你的視
野，使你無法全面看透。你將會開始擴展視野，
用廣角鏡頭取代變焦鏡頭，不再局限於你以往緊
緊抓住的想法、感覺或行為，開始出現更廣泛的
正面見解。最終結果是，剛進入3月時，你就像
一頭獅子，3月結束時，你變得像一隻羔羊，仍
舊勇敢有力，但變得溫暖，如春日般和煦溫柔，
沉著鎮定。

練習擺盪，減輕緊張

　　若你的生活步調快速、進取心強，你大概
不是很在意你的身體的感覺。你可能沒有察覺到
增強的壓力，忽視酸痛、持續性的悶痛，甚至較
明顯的疼痛，因為你過度聚焦於當天的工作與事
務。你往往苛待你的身體，而不是照顧它。擺盪
（pendulation），是教你聚焦於身體感覺的練習。

今年我想這樣生活 #CHILL

首先，請閉上你的雙眼，注意你的身體感覺緊繃的部位，徵狀可能是疼痛、繃緊感、悶痛或收縮束緊的感覺。然後，把你的注意力擺盪到一個感覺較不緊張或完全不緊張的部位，聚焦於不緊張的感覺。留意你身體的感覺：穩定的心跳、徐緩的呼吸、溫暖的皮膚、放鬆的下巴、放鬆的肌肉。然後，想像不緊張的感覺延伸至你身體的其他部位。

接下來，把注意力擺盪回你一開始感覺緊張的部位，若感覺已經減輕了，請你持續幾分鐘，聚焦於壓力的減輕。然後，繼續把注意力在你仍然感覺緊張的身體部位和你感覺放鬆的部位來回擺盪，當你擺盪時，留意哪個部位的緊張感減輕了，花點時間注意這股減輕感漸漸延伸至你身體的其他部位。

解放自己

你可能更習慣於緊抓著你想要的，而不是習慣於放手。我們的生活方式教你去擁有，而不是大方給予，不僅對物質如此，對感覺也是如此。

獲得，代表你贏了；放棄，代表你輸了。所以，你更可能傾向執著，而不是放手。

隨遇而安，指的是你願意放下「擁有」的想法與感覺，學會接受。當你放手，其實是你最有力量的時候——你成為主宰，而非受害者。隨喜接受生活帶給你的，而不是用力去抓，讓你變得豁達。你學會凌駕在境況之上，生活自然變得更加順遂。

辨識挑戰你放手能力的人或事，下次當這個人或某種情況出現時，請試著解放你自己，特別留意你覺得心態變得多自在。觀察當你放手、接納，如何有助於減輕焦慮感，接受生活的流動，又如何帶給你更多快樂及內心的平靜。

聚焦於當下，別以自我為中心

我有個朋友非常喜歡暖和、晝長的夏天。在一年當中白晝最長的那天，我問她：「妳現在一定飄飄然？」她說：「不，我很難過。因為從明天起，白晝又要開始縮短了。」我告訴她，她這種想法正在縮減她的快樂！她才恍然大悟，狹隘

3 月　放手，隨遇而安

今年我想這樣生活 #CHILL

的觀點控制了她。

工作成癮的心態，當然也是一種狹隘心態，沒有成長空間，自然而然局限了境況，使你以自我為中心，但你不自知。你聚焦於失敗、使你惱火的事、還沒達到的目標，你想著同樣令人生厭的工作、依舊不體貼的同事、無趣到不知道怎麼說的辦公室派對。你累積了好多負面想法而不自知，負面思維已經成為你看事情的角度。

改變的重點在於保持寬廣的眼界，你才不會在還沒品嚐到樂趣之前，就讓它給溜走了。當你能夠特別賞識周遭的小事物，例如一朵花的香氣，或是看到同事們團結合作，有助於你正向看待工作與私人生活，你的內心會比較容易感到快樂。

擁有充足的睡眠

據說，絕望與希望之間的最佳橋梁是一夜好眠。沒有充足的睡眠，罹患心臟疾病的風險增加，學習能力降低。固定時間睡覺，臥室舒適、好入睡、通風良好，這些也很重要。你應該重視充足睡眠的重要性，除了良好的營養與運動，一

夜好眠能夠提升你的生產力，而不是降低你的產能。比起睡眠不足的工作者，睡眠充足讓你的身體更健康、工作效率更高、心智更敏捷。

觀察你的強迫思想

你可能就像大多數的高標準要求者，儘管超越他人的期望，從來就沒有達到你自己設定的完美標準。你倚賴你的強迫思想，這些思想叫你去承接許多額外的工作，儘管你的工作及私人生活已經過荷、搞得一團亂了。你在睡覺時、參加聚會時，或是和朋友一起健行時，這些強迫思想尾隨著你。一天的工作還沒展開，這些強迫思想已經一路鞭笞你到辦公室。你和心愛的人親密交談時，它們在你背後若隱若現。你無法不去想、不去談論、不投入於工作，過了一段時日，這種成癮變成令人不愉快的負擔，你卻無法放手，因為大家都倚賴你。

請試著更留意你的強迫思想，當它們流經你的腦海時，以好奇心觀察它們。試著別倚賴它們，讓它們來來去去，別與它們建立個人連結，

別抗拒,也別認同,最後它們會漂走。

擴展視野,宏觀看待問題

遭遇困難時,請試著鳥瞰你遇到的困難,腦力激盪廣泛的可能性。你可以提醒自己,這次困難不是個人失敗,也不是永久的。宏觀去看,你可以看到的可能性比障礙還多。然後,請聚焦於解決方案,而不是聚焦於問題。學會辨識每個困難隱藏的機會,思考:「我可以如何把情況轉化成對我有利?」,或「我能從不利面找到有利的東西嗎?」,或「我如何把這個不幸的情況放到全局中去看?」

科學家稱此策略為「擴展與建構」(broaden-and-build),你擴展視野以度過艱難時期。經常使用這個策略,會產生累積效果,使你變得更加樂觀,讓驅動力變成你的自動預設模式。

聚焦於此時此地

很可能你和大多數的人一樣,努力取得好成就、追求美好事物,卻總是忽略當下。當你開始

觀察你的心智，你會訝於發現，它總是試圖擴大快樂、減輕痛苦。

你必須趕快通過交通堵塞，而不是「隨遇而安」地待在車陣裡。為了上班，你必須在雨天奔波，而不是「隨遇而安」地站在雨中。你急著把晚餐煮好，以免錯過你想看的電視節目，而不是聚焦於當下，享受烹飪的過程。當你迷失於過去或未來事件的空想中時，這些不是當下的情節，使得你和你的周圍與你本身失去連結。

想要和自我連結、更認識自己，試著觀察你的心智在每個時刻走向哪裡。你會注意到，你全然專注於當下的情形，不同於你的心思飄向過去或未來時的情形。任何時候，當你的心智游移、離開當下（甚至在你閱讀這些文字、卻心不在焉的話），記得輕輕把它帶回此時此地。

停止負面思想

因為急著趕工，你對自己說的話就像閃電般快速竄出，快到你甚至沒有注意到。你的誇張結論使得你一直保持過度工作，這些誇張結論大多

今年我想這樣生活 #CHILL

不實，包括：「我要做到讓大家滿意，否則我就失敗了」，「事情沒有做對，那就不值得做了」，「我應該為人喜愛。」

當你作出這類陳述時，你的心智被「全有」或「全無」（alls-or-nones）的觀念支配，試圖將人生框入工整分類中。問題是，人生不是這樣運作的，大多數事情不是非黑即白，「全有」或「全無」把可能性局限在極端，導致所有種類的成癮症。幫助戒癮的十二步驟課程（Twelve-Step Program）稱此模式為「負面思想」（stinkin' thinkin'），這些認知失真遮蔽真相，限制你的選項，使你陷入不確定性及糟糕的決定當中──過度工作、破壞關係，也破壞你的個人目標。

若你高估了自己對工作的需要，大概也低估了你實際上做了多少工作。下次，當你又陷入僵化的思維時，豎起你的天線，聆聽你的自我談話，留意有沒有「一直」、「全部」、「所有人」、「沒有人」、「從不」、「沒有」之類的字眼，這是你被「全有」或「全無」支配的跡象。想想灰色地帶，保有彈性，告訴自己：「我不需

要迎合所有人，讓大家滿意才行。我的成功，仰
賴盡我所能而已。」

你不需要殺時間

　　有些人真的很急，好像想用工作到死來殺時
間，免得自己先被時間殺掉。想想看，塞車或結
帳大排長龍時，你都在做些什麼事？下次，別找
事情來做消磨時間，你可以接受當下的現實，用
它作為一種減震器，告訴自己，是「你」選擇等
候。這麼想可以對你自己賦能，你不再是無能為
力的受害者，同時可以緩解你的緊張，訓練性情
更加圓融、鎮定。你可以利用聚焦於當下的注意
力去做個人省思，或是伸展一下身體，或者專心
觀察你的呼吸起伏。

　　遇到行動龜速的人，別再輕易感到惱怒，把
他們當作榜樣，趁機學習放慢腳步。本著不帶批
評的態度觀察他人，你可以從別人臉上展現的不
耐煩，反思一下你什麼時候也會這樣。

和你的內在批評者當朋友

每個人的內心都有一個批評者——就是你腦海經常出現、把你放在顯微鏡下檢視的那股批評聲浪。就像硬漢班長想要透過嚴苛訓練，拯救士兵在實戰中的性命，內在批評者的職責是指出你的失敗，以免你在戰鬥中掉了腦袋。

你擺脫不了這個內在批評者，所以連試都別試。但是，你可以和它發展關係。下次，當它像霓虹廣告一樣閃個不停出現來煩你時，把它想成你的一個部分，不是全部的你。把它當成個別聲音去聽，不要把它當成自己，跟它保持一點距離，你就不會一直攻擊自己。把它當成個別聲音去聽，你就保留空間給信心——那個撫育、鼓勵你的聲音，就像你最好的朋友那樣，總是以仁慈、寬厚的肯定來鼓勵你。

保留等量的時間給信心，讓它肯定你的成就和正面特質。你可以想像信心與你面對面坐著，你聽它在對你說什麼。你愈是保持距離，從遠處去看你的內在批評者，不會因為它說的話而受挫，不再試圖擺脫它，信心就會更常出現，對你

伸出友誼之手。

培養同理心

　　能夠站在別人的立場設想，這項能力是強大的工具。同理心使你與他人建立連結，讓你擺脫狹隘的負面想法，避免輕率作出判斷。同理心使你感受他人經歷的痛苦，讓你自身不愉悅的感覺得以淡化。同理心使你用耐心、冷靜、寬容去應付難纏的人，化解爭議，或是面對某人發脾氣時，保持冷靜。

　　這種方法對你最有利，因為同理心使你變成一個更仁慈、更體貼的人，向你展示更寬廣的視角，使你能以公平、良好溝通的方式作出反應。在職場，若你能夠設身處地，站在不滿的客戶或同事的立場去想，通常有助於化解緊張氣氛。

　　想像你是那個惱怒你的人，你是他，在他的皮膚之下，透過他的眼睛，用他的心去看這惱人的事件。當你能夠從他人的角度去看情況時，你原先的不悅將會軟化，你感覺從原本狹隘、負面的想法中解脫，變得比較放鬆。

3月 放手，隨遇而安

安排優先順序的技巧

　　走在工作與生活平衡的鋼絲上，每天都有許多繁雜的事務要完成，一些跟你的工作有關，其他的或許跟你的家庭及私人承諾有關。有些事務比其他的更重要，你必須決定優先處理哪些要務，清楚、務實地排定優先順序。在規劃每日行程時，別總是把工作事務排在第一優先，你應該根據你的生活領域，把所有事務分群，例如：個人、工作、家庭、玩樂。針對每一群，決定哪些事務最急迫。

　　為了致力於工作與生活平衡，防止你把所有工作項目列為優先重要，你應該讓每個生活領域至少一項事務列為優先。這種做法鼓勵你納入每個生活領域，優先處理每個領域最重要的事務，把不重要的事務先擱置一旁，或者可能的話，委託給他人。當你回顧起來，你就能夠確定完成每個生活領域的優先要務。

別以為你有免費通行證

　　許多人給予工作的細心照料，遠遠多於對家

人的關愛照料。雖然我們不去聚會玩樂，不浪費時間，也不揮霍，但是當心愛的人需要我們時，我們未必總是現身。

不論你賺多少錢、多麼努力工作，在私人生活方面，你都沒有免費通行證可以不用付出。滿足於當個差勁的另一半，這是行不通的。把心愛的人當成猶如你的事業附屬物，想到的時候才隨便關心一下，這是冷漠、傲慢、不尊重的行為。在致力於戒除工作成癮時，省視你的親密關係，你是否仁慈對待你心愛的人？你是否尊重他們的時間和情感需求？你必須修正哪些有害的習慣，才能變成一個更體貼的人？

避免決策疲勞

研究顯示，決策疲勞的大腦在連續工作多個小時後，就會精疲力盡，沒有心神作出工作以外的決定。基本上，你在愈多個小時作出的決策愈多，你那緊繃的心智就愈難再作出決策，哪怕是最簡單的決定，例如：穿什麼、吃什麼、花多少，或是如何安排工作的優先順序。

　　然而，生活不會等你，你心愛的人和同事們仰賴你，於是你走捷徑，作出衝動的工作決策，狼吞虎嚥吃完垃圾食物，對家事不上心，把事情都交給家人去辦，甚至連人生中的重要決定也未能現身。你可以改變這種情況，就像讓身體休息復元一樣，讓你的大腦休息復元。你可以輕快地運動一下、小睡、練習冥想、做做伸展操、深呼吸、凝視大自然、做瑜伽、打太極。

創造視覺休息

　　你可能花非常多的時間窩在你的辦公桌前，無窗的辦公小隔間和不通風的開放式辦公空間，可能降低工作效能。曠野為身心注入活力，研究顯示，大自然元素如植物、光或大自然中的藍色、綠色及黃色，有益於我們的生產力、創造力及整體心理健康。

　　若你無法到戶外休息一下，那就評估一下你的個人工作區，看看是否有你未察覺到的環境壓力因子，想想你可以採取什麼簡單行動，創造視覺休息。方法很多種，若你的工作區沒有窗戶，

你可以擺放大自然的照片、綠色盆栽、安靜的桌上瀑布造景、魚缸，或植物生態缸。讓大自然平靜你的心智，放鬆工作需求造成的忙亂。

索回你的童年

　　工作成癮跟你的成長過程有何關係？關係可大了。我初次與女權運動領袖葛羅莉亞‧史坦能（Gloria Steinem）交談時，我們兩個都說：「我感覺你好熟悉。」雖然，從表面上看來，我們的生活不同，但體驗雷同，擁有相同的情感藍圖：孤獨、痛苦、失去、害怕，有時感到困窘。相同的童年創傷使我們成為心靈夥伴，我們後來都變成自己也承認的工作狂，用瘋狂工作應付童年的心靈創傷。

　　許多工作狂生長於不穩定的家庭，被迫失去無憂無慮的童年，承擔其實無法負荷的成人情緒。若這也是你的童年樣貌，你可能變成了一個嚴肅的小大人，忘記如何玩樂。你追求穩定你的家庭，抓住任何可預測、貌似穩固的東西作為定錨，幫助自己在不穩定中保持漂浮。

在成長過程中，你可能透過做家事或功課獲得掌控感；長大後，你的神經系統保持著紅色警戒。以往的當下，往往是那麼令人不快樂，誰還會想要專注於當下呢？你的心智自然尋求逃離的艙口，通往快樂與安全感的源頭——工作與監督。為了身心平衡，你應該找到工作成就感與自我滿足感兼容的甜蜜點。

正面一點

截止日期要到了，或是工作負荷過重時，你的心智自然會緊繃，瞄準負面威脅。如果你正好在為某個工作問題尋求解方，負面會導致你陷入泥沼。光是嘴巴上說你不擔心、你會保持快樂，無法達到科學研究佐證的因應之道與成效：正面心態十分有助於修正工作成癮。

正面，不是要你喝什麼神奇的精力湯、純粹樂觀看待事情，或是選擇逃避某些事物，而是要你採取務實、有建設性的行動對待生活，不是任憑生活擺布。正面使你的心智更開放，盡所能接收更多資訊，擴展種種的可能性。負面使你聚焦

於問題，正面使你聚焦於可行的解決方案。

　　你可以練習這麼做：對於你認為不利的情況，試著尋找黑暗中透出的一絲光明，同時養成看全貌、看大局的習慣。當情況變得棘手時，你總是可以找到一、兩個正面、你喜歡或期待的點。你可以試著讓你周遭環繞著正面思考的人，讓他們的樂觀感染你。

好好評估一下你講述的故事

　　關於工作與生活平衡，你對自己講述了什麼故事？這些敘述是否令你覺得太難以面對？你修飾、編輯或否認了哪些？你刻意埋藏或遺忘哪些部分，直到它們再度浮現，激發你強烈進取的工作型態？

　　即使你沒有和其他人分享你的故事，你仍然有特別的方式為你的所作所為合理化。你可能對自己說：「我沒有工作得那麼多」，或「我努力工作，都是為了支撐家庭」，或「這一行就是這樣，沒辦法。」然而，你講述的故事並非總是對事實的客觀陳述，你往往有辦法把自己描述得像

個英雄，而那些與你敵對的人則像是惡棍。你多常講述這樣的故事、對誰講述，以及你講述故事的方式，都顯著影響你的生活。你說的故事可能美化你，宣揚你的成就，顯示你把困難情況處理得多好。

不過，為了致力於工作與生活平衡，值得你學習把故事講述得更正確、客觀一點。這需要你考量你心愛的人和你的同事講述的不同故事，你應該質疑你講述的故事是否在歸咎他人，或是在描述你負起該負的責任。

接受你的局限

自以為受害、負面、消極、自憐，這些已經變成慣性思維。這些局限顯露於一些人的慣常生活型態中，包括：沒工作、孤獨、總是覺得人生無趣、淒涼。令你印象深刻的批評、害怕及憂慮，是你因為過往的傷害和害怕而打造出來的枷鎖，從過去一直重複束縛著你。

一旦你能夠真正了解，是你的局限視野、而非現實世界，導致你拚命工作、疏忽了你的生

活，一切就會往更好的方向改變。你要如何減輕你的自憐態度？你可以改變哪些地方，接受並突破局限。

認知到你已經夠好了

　　你什麼時候曾經說過：「這已經夠好了」？或許在你的眼中，這是妄想。你持續追求，猶如海馬追尋海，牠看不到自己悠遊其中的海水，結果畢生都在追尋自己已經擁有的東西。

　　假日時，你還是在工作，錯過孩子的活動，或是熬夜趕工，全都是為了想要做到夠好。但不論你多努力，你還是告訴自己，沒有一件事做得夠好。這種挫敗的訊息使你感到難為情，自我輕視，為了治療這些糟糕的感覺，結果你更一意孤行，做得更過火。

　　你真的想要這樣繼續生活？如果你冷靜下來，更專注於你正在做的事情呢？若你捨棄一些錯覺，不再認為「一些工作項目將使你感覺夠好」？提醒自己要懂得自我疼惜，知道凡事皆有可能，一切都是未知，直到你開始經歷。

隨遇而安

工作狂互助會的第三個步驟，是要你放下你的執拗，尋求外界的幫助，例如：某個十二步驟團體的支持、從心理勵志書籍獲得啟發、借助更高的力量，或是找導師談談所得到的領悟。透過這些簡單的行動，你捨棄全能，認知到自己不是萬能的，很多事情你沒有答案。你以靈性相通的方式，和他人面對面站在同一個層級。換言之，你把自負擱置一旁。

若你能夠放下你對過度工作的習慣的掌控，這個能力將會延伸至你的生活的其他層面。你會發現，試圖掌控別人與所有情況，只會創造壓力與挫折。把這項認知應用到你在工作上、家裡及社交中的日常作為，學會隨遇而安、放下，你會發現這不但有助於你擺脫成癮的型態，也有助於你培養正面關係，填補空虛。

3月重點

- 戴上廣角鏡，宏觀去看生活的全貌，顯露變焦鏡頭遮住的盲點。

- 和你的內在批評者當朋友，了解它如何試圖保護你免於被生活中的曲球K中腦袋。

- 用三種減壓方法來消除決策疲勞：1.）適當的休息與睡眠，幫助恢復你的精力；2.）健康的飲食；3.）經常運動。

- 避免長成辦公桌馬鈴薯。別長時間窩在辦公桌前，記得定期引進大自然，讓自己沉浸在大自然的療效中。

- 了解放手、隨遇而安（不是放棄、投降），是展現個人力量的行為，不是宣告失敗的行為。

3月 放手，隨遇而安

4月

開放心胸覺察

若你想受到他人尊重，最好的方法就是自重。
唯有尊重自己，唯有透過自重，
你才能迫使他人尊重你。

—— 杜斯妥也夫斯基（Fyodor Dostoevsky），
俄國小說家

　　4月（April）這個字，源於拉丁文「*aperire*」，英譯為「to open」（開展），是一年當中花兒及樹木開始生長、雛鳥孵出、春天醒來的時候。一年的第四個月，是勇敢自省的時候。請敞開你的心胸，更仔細地自省，你將覺察到你如何在忙碌中迷失自我。請不帶任何批判地辨識你的長處與局限，這樣你將會更意識到對你的成長有幫助，或是會阻礙你成長的特質。

　　你無法放鬆，你必須對此負起全部的責任，不是又歸咎於工作上的激烈衝突、家庭壓力，或是老闆又捨棄你的創意等等。你會開始看得更清楚，更誠實面對你的壞脾氣、你的自以為是，以及你愛批判的態度。你開始能夠承認並且接受自己的這一面，不會自我譴責。

　　透過本章，你有機會用更開放的心胸學習放鬆，調整工作與生活的平衡，協調你的身心靈。請你特別留意你的呼吸，定錨於當下，提振你的精神與生產力。你將變得更能夠接受這個世界的不完美，接受生命所帶給你的一切。你將認知到，不是每件事都急迫；事實上，少有事情如你

想的那麼急迫。你開放自己接受生命的律動,接受生活自行開展,並且學會調整步伐,配合人生的節奏。你被提醒:一天只有二十四個小時。

　　在這個月,請問問自己可以採取什麼行動,開放自己,擁抱更豐富的生活?也許是敞開心胸聽聽反對觀點?拋棄一些老規矩和慣例,面對新挑戰?改變不健康的工作習慣?採取不同做法,走出你的安適區?抑或建立新關係,或是加強與舊關係的親密度?

學習連結呼吸

　　留神和你的呼吸連結,使你定錨於當下現實生活的發生之地。用五分鐘試試下列的冥想練習:找個舒適的地方,坐下來,閉上眼睛,用鼻子吸氣,嘴巴吐氣,聚焦於每一次的吸氣與吐氣。全神貫注跟隨你的整個呼吸循環,從吸氣、把你的肺部注滿氣,到吐氣,清空,再開始一個新的循環。

　　進行呼吸循環時,仔細觀察你的呼吸,此時你的腦海通常會浮現評判性質的思想,思忖你是

4月　開放心胸覺察

否把冥想練習做對了，或是想到你稍後必須做的事，糾結是否值得花時間做這個練習。別試圖擺脫這些想法，讓它們浮現，接受你腦海浮現的任何思緒，輕輕地把你的注意力帶回，聚焦於呼吸上。

每當你的注意力從觀察呼吸飄走時（一定會出現這種情形），只要把它帶回到你的呼吸上即可。不到別處、不做他事，就只是注意你的呼吸。若你的心思陷入一連串的思緒當中，請記得提醒自己輕輕步出串流，重新關注你的呼吸。大約五分鐘後，張開你的眼睛，留意你變得更加與當下連結。

斷捨離

想讓你的空間變得更加「開展」，最好的方法之一就是斷捨離，整理你的環境。你的工作步調可能已經很快了，雜亂的生活空間讓你的生活更加混亂、緊張。雜亂會阻礙你找東西，如果你已經很匆忙了，雜亂會耗用你的寶貴時間，增添另一個層面的沮喪。當雜物愈積愈多，通常你的壓力也可能持續升高，你卻發現生產力降低了，在

待辦事項之間跳來跳去，不知道該先做什麼才好。

忙了一整天之後，你最不想面對的就是令人煩躁的視覺提醒——提醒你需要做什麼。你可以透過斷捨離來創造視覺休息，決定你需要哪些東西、不需要哪些東西。好好找個時間整理一番，留下你需要的，丟棄你不需要的。你可以把超過一年沒用的東西拿去資源回收，或是捐出去。你也可以考慮把文件數位化，對眾多書面檔案來個斷捨離，申請電子帳單、使用電子支付，減少過多的紙本郵件、支票和文件。

有時候，當你繼續忍受堆積的雜物時，你的內心藏匿了阻礙你的生產力或創意的東西。一旦你開始進行斷捨離，整理實體環境之後，你往往會發現，你的心理層面也出現類似的過程。你開始注意到，你的舊思想、有害的關係、一些壞習慣也清好了，騰出更多空間給靈感、洞察力和創造力。

留意你的盲點

完美違反宇宙常理，因為宇宙本來就是被打

造成不完美的。完美主義的利爪緊緊箝制你，在你的血流中注入剛性，抑制你自然、靈活的思緒流動。

放任自己追求完美的欲望，往往會導致你設定不切實際的目標，不但很容易做過頭，而且過度聚焦於錯誤之上。這種扭曲的展望創造了盲點，使你看不到自己已經有多棒，以及有多常做得很好了。結果是，你總是覺得自己不足，這導致你更努力追求完美，注視著根本達不到的理想，導致自我挫敗，再度回到你的起點：不足。

你必須開始告訴自己這個事實：這個世界上沒有完美，沒有人能夠做到完美。你還是可以設定可能達到的高標準，不至於讓自己處於無法忍受的境況 —— 一直工作、緊張、疲累，甚至身體不適。所以，你打算怎麼做，讓自己適應這個世界的不完美？

很多事情沒有那麼急，學會減壓

大多數的事情都不是緊急事件，急迫性並不是工作或生活的產物，它是你無法自在面對生

活的副產物。你不是坐等壓力來重擊你，你是靠壓力壯大、保持亢奮，你主動創造壓力。在你看來，沒有事情進展得夠快，如果工作懸著未完成，你就會感到焦慮。你把行程排得過滿，經常趕趕趕，然後開始怨恨自己作出的承諾。

問題是，壓力比你更強大，而且很好鬥，還總是贏。當你持續對自己施壓，你的身體、心智與精神都會受害。當你疲憊不堪，你的大腦就會像彈弓般運作，在你的血流中注入壓力荷爾蒙，你的胸部起伏喘息，心跳加快，血壓飆升，呼吸速率猛升，肌肉緊繃，好讓你準備採取行動。你的大腦告訴你的身體，要保持這種警戒狀態，直到確定威脅都已經解除了。

壓力使你相信，每件事都必須「現在」就做。但是，你真的可以別再試圖追求光速，走出老是給自己很大壓力的常態吧！很多急迫性是你自己創造出來的，學著別再過度要求自己了。

正視過勞死

日本每年有許多工作者，因為每週工作超

4月 開放心胸覺察

過60～70小時而猝死，日本人因此發明了一個名詞：過勞死。原本健康的工作者，在長時間加班或完成高壓工作之後，倒斃於他們的辦公位置上，通常是中風或心臟病發作所致。四、五十歲過勞死的企業員工太普遍了，以至於日本職場被取了一個綽號：「殺戮戰場」。在印度，工作成癮被稱為「慢性致死的毒藥」。

雖然英文沒有「過勞死」的類似用語，在美國數十年來，企業員工因為工作過度而猝死的新聞數見不鮮。比起每週工作少於40小時的工作者，每週工作55小時的工作者發生中風的可能性高出三分之一。

你可以仔細算一下你的工作時數，注意你投入加班的情形。不時問問自己：你有時間遠離工作，好好為自己充一下電嗎？你有什麼嗜好、喜歡的消遣或心靈活動，可以幫助你化解壓力、補充元氣？

無所事事是一種能力

擺脫工作狂的箴言是：「別為了做事而找事

情做,你就無所事事,坐著就好。」我知道你在翻白眼,順便看一下你的待辦清單,覺得我是不是閒得發慌。

我知道,對你來說,「無所事事」是一顆難吞得要命的苦藥丸。當你放慢腳步、觀看綠草時,你的工作成癮戒斷症狀開始發作,你開始煩躁、焦慮,也許還對周圍的人口氣差,唯一的解方似乎是開始做點什麼。

但是,「無所事事」這門藝術可是一帖良藥,讓你的身心有機會熬過工作成癮發作,爾後變得更放鬆。那些無所事事、可能令你感到空虛無用的工作成癮戒斷時刻,其實是某種雛形的給予空間,幫助你活過來——義大利人稱為「*dolce far niente*」,英譯為「sweetness of doing nothing」(無所事事的甜美)。無所事事就像美妙音樂的間奏,若沒有適當轉換,音樂就會變得像噪音。無所事事提供一段孵育期,讓你的工作構思或創意有機會成功孵化,或是讓你心愛的人對你的感覺得以解凍。

別相信你的每一個想法

　　工作狂有源源不絕的負面思想，驅動著他們的工作癮。當你相信你腦海中的迴聲室所發出的叨念，它就會變成事實。若你相信你腦海中的「你沒價值」、「你不討喜」、「你很醜」的想法（儘管其他人可能不是這麼看你的），「我不配」的印象就會留在你的心裡成為事實。

　　如果你跟大多數的人一樣，你不是根據「客觀事實」行事，而是根據「你認為的真確想法」行事，不管你的想法是否符合客觀事實，或者只是你的錯覺。愛因斯坦稱此為：「意識的錯視」（an optical illusion of consciousness）。

　　你有時會相信流經你腦海的思緒。你可以好奇地觀察這些思緒，不作任何自我批判，也不要相信它們，就只是觀看。冷靜看待你腦海中的嘮叨數落，觀察這些批評聲音可能如何使你感覺悲慘，一旦你學會這種正念，就能學會不相信你的每一個想法，減少無謂的痛苦。

別逃避衝突

這很難做到，也很麻煩，但最後會令人感覺解脫。你能夠面對家裡或職場發生的衝突嗎？你現在大概在倒抽一口氣？比較可能是你厭惡衝突。你讓自己埋首工作，逃避面對衝突。逃避衝突讓你暫時擺脫應付不愉快情況的壓力，但其實壓力從未消散，一直都在那裡，只會惡化，變得更糟，直到終於爆發。

當你因為害怕面對某人的憤怒而逃避衝突時，從表面上來看，顯得你是在躲避什麼，這在傷口上灑鹽，很容易把問題複雜化。一方面，你還是得處理你起初逃避面對的衝突，現在又加上別人懷疑你到底隱瞞了什麼的信任問題。

當你察覺到緊張升高，就立刻跑得遠遠的，這種行為會妨礙你獲得升遷、培養更深厚的親密關係，以及強化你的心理素質。若你想要真正體驗人生、活得更豐富充實，沉著面對勝過逃避。你可以做個深呼吸，鼓起勇氣面對現實。你往往會發現，你最害怕面對的事情，其實是能夠讓你真正解脫、還你自由的事情。

4月 開放心胸覺察

偶爾打破慣例，改變一下生活

你的生活充滿各種慣例嗎？你可曾打破慣例、冒一次大險，發現這改變了你的生活，例如：投資獲利甚豐、獲得深厚的友誼、難忘的經驗、充滿樂趣的時光？

你需要規則、慣例和行程表，來維持你的生活秩序，但是按表操課的生活，使你排除了多少美好的體驗和人們？因為害怕擁抱未知的新事物，你有時在不知不覺間局限了工作與生活平衡。你這麼做，也許是出於對安全感及可預測性的需求。舉例來說，你或許經常到同一間餐廳吃飯，死守著同一份工作，每天嚴謹規律生活，待在同樣的朋友圈。熟悉感或許令你感到心安，但也限制了你。

你可以在一些領域擁抱改變，打破枯燥、單調的習慣，消除一成不變。日常慣例很好，但有時你可以打破一下，哪怕只是簡單如下班走一條不同的路線回家、吃吃看另一家餐廳，或是用不同的方法建立一段成功的關係。試著聽聽看相反的觀點也不錯，認知到別人的方法或許和你的

不同，但仍然管用，之後也許可以派上用場。
或許，通往更融合、平衡、放鬆的生活的關鍵之
鑰，就藏在你一直逃避的陰影中。

每一天，都是一場新的冒險

　　鳥瞰你的生活，你會看到什麼？害怕又是
壓力山大的一天？或者前方有令人興奮的挑戰？
你看新聞、滑手機、寫email都一直在急嗎？或
者，你會留意到人們有趣而與他們交談，有興趣
聽他們講話？你會直接責罵你關愛的人，或者保
持耐性，溫和看待他們身為人的易錯性，不試圖
改變他們的本質？

　　若你自認為閱歷豐富，什麼都看過了、做過
了，很可能這只是你的慣常想法，剛好是你可以
改變的。你當然有能力改變例行苦差事，你只要
改變你的想法就行了。若你能以開闊心胸去過每
一天，把它當成頭一次的體驗，就會有神奇的事
發生——生活開始有光采，你有了新的展望，對
自己有更深的欣賞，對生活更滿意，對他人具有
同理心（或許是那些被你忽視或視為理所當然的

人），對同事與你的工作展現尊重。學習重新發現每個新的一天，把它當成一首歌來吟唱，把它當成一場你勇敢踏上的冒險，而不是你必須忍受的一件苦差事。

留意必須強迫症

　　大多數的過度成就者都有一種心理學家阿爾伯特・艾利斯（Albert Ellis）稱為「必須強迫症」（musturbation）的疾病——屈從於他人、這個世界及負面自我談話的需求。留意一下，若你也有這種心理疾病，你的工作及私人生活被「應該」、「必須」、「一定要」之類的詞彙支配。

　　「我必須贏得那紙合約」；「我必須獲得這次的升遷」；「在我們家，一定得照我說的去做」；「其他人一定要看到我的觀點」；「人生應該要輕鬆一點。」這些自我加諸的強制規則，對你看事情的角度、感覺和行動有強大的影響。必須強迫症導致沮喪、憤怒、抑鬱，當這個世界及他人無可避免地沒有遵從你的「必須定律」時，這種強迫症會逼你做得過度。

留意你的自我談話是仁慈或苛刻的，你就能夠意識到你對自己的要求，並且選擇對自己說更支持、更鼓勵的話：「我會盡力贏得那紙合約」，或「生活並非總是那麼容易，但我可以盡力應付挑戰。」用賦能性質的話取代強制性質的話，讓你更具有主導意識，並非任由境況擺布，這有助於你的身心福祉。

推翻你內心的惡霸

如果你跟大多數嚴苛的工頭一樣（只不過你更監督的可能是自己的工作），你的內在住著一個惡霸支配著你的生活。它鞭笞你，要你聚焦於你的缺點，使你一直陷入掙扎。面對這種情況，工作狂的解決方法如何？當然是工作得更長、更賣力。但是，更埋首於工作，只會使你在問題中愈陷愈深，所以你工作成癮，這當然不是真正的解方。

真正的解方是學會自我疼惜，以平衡你的自我批判。這個解方獲得科學研究的支持，研究顯示，鼓勵與自我支持具有極大的改變功效。當你

4月 開放心胸覺察

的自我仁慈愈深厚,你的情緒兵工廠愈強大,工作效能愈高,保持工作與生活平衡的能力就愈強。

自我仁慈減輕苦惱,苦惱太多會導致你自我嚴斥。從容、優雅的工作者能夠承認錯誤,不自我譴責。你站在哪一邊?當你意志消沉時,若你內心的惡霸鞭笞你,請務必壯大你的仁慈陣營,站起來拍拍身上的塵土,忘記先前不愉快的經驗,帶著鼓勵和愛重新出發。

練習「表現得彷彿」

不停地工作已經妨礙你表達情感的能力?在情緒波動的情況中,你不知道如何感覺?或者,你想要與心愛的人更加親密,但不知道如何做?我猜想,若你是工作狂,大概會有這類困擾。你可能已經工作過度很長一段時期了,一路上,你在某方面的情緒感受或情感表達或許陷入困難。別擔心,總是有方法可以幫助你。十二步驟課程多年來流傳一個術語「表現得彷彿」(acting as if),這可以幫助你熬過情感麻痺期。

「表現得彷彿」是什麼意思呢?這個方法簡

單但很有效，你可以創造外表情境，表現得彷彿是真的一樣。你做出某種表現，彷彿這就是你的感覺，你假裝的心情變成現實。比方說，某人冒犯你，你很生氣、不能原諒，但其實你很想原諒他，你可以表現得彷彿你原諒他一樣，這樣你就會感覺你原諒他了。或許，你其實是個比較冷漠的人，但你想為同事晉升感到高興，你可以表現得彷彿你由衷為他高興一樣，然後你會發現，你真的為他高興。或許，你正在擔憂一個重要的工作截止日期，但你說服自己相信這是件容易的事，並且用熱情解決困難，而不是一味畏懼。當你告訴自己，眼前這項挑戰是小菜一碟時，你可能會訝於發現，原本看起來很困難的挑戰，變成容易解決的小事一樁。

把憂慮當作朋友

在遇到富有挑戰性的情況時，憂慮走在你的前方，就像偵察隊。在某個重要的工作日前，憂慮如影隨形；當你在推廣行銷你的點子時，憂慮站在你身後，穿過你的肩膀偷偷張望。憂慮的沉

今年我想這樣生活 #CHILL

重感壓著你,消滅你的力量,就算情況一直都滿順利的,你還是擔心一把利斧從天而降。不論風平浪靜或波濤洶湧,一直憂慮只會導致24/7煩愁的生活,消耗你的身心。

但是,你若把憂慮想成一個全面入侵的敵人,試圖消滅,就會創造出敵對關係,導致更強的沮喪感、焦慮和內心紊亂。雖然聽起來違反直覺,但要訣是與憂慮重新建立關係,歡迎它,與它為友。你可能認為憂慮有礙你的工作,其實它站在你這邊,是一種保護機制,提醒你可能的威脅,幫助你避開傷害。當你愈能夠把憂慮當成朋友、而非敵人,你的憂慮感就會減輕,放鬆時間就會變多。

宇宙對你掌巴掌,笑著接受又何妨

一次重大事件可能徹底改變你對人生的看法,讓你變得和以往不同。重要的是,你如何面對人生當中的打擊。達賴喇嘛在《快樂——達賴喇嘛的人生智慧》(*The Art of Happiness*)中說了一個故事:有位女士做了一筆投資後賺了大錢,

年紀輕輕就退休了，擁有很多空閒時間。塵埃落定後，一切回歸平常，她說她並沒有比發財前更快樂。

達賴喇嘛把這位女士的境況，和一位罹患愛滋病的男士比照。這位男士得知自己感染愛滋病毒的噩耗，花了一年時間才從震驚與不相信中平復。他利用機會，首度探索心靈，使生活有了正面的轉變。他每天外出的次數比以前更多了，奇妙地，他感覺比確診之前更快樂了。

物質收穫——一棟新房子、一輛新車或錢財，能夠帶來一時興奮和快樂，但很快就消失了。悲劇或損失可能使你沉入谷底一陣子，但你的心情終究會平復。人生本來就有高低起伏，重要的是你如何面對明顯的打擊事件。永遠都要記得：你有能力塑造你的生活體驗。不論多麼痛苦、艱難，不論大小，請開放心胸接納並翻轉每一次的人生經歷，使它變成成長機會。

輕推：用更柔軟的手段管理

激烈進取的工作者往往用鐵腕管理：照我說

4月 開放心胸覺察

今年我想這樣生活 #CHILL

的做，不然就滾蛋！酒鬼最喜歡的是酒伴，若你是工作狂，最喜歡的工作夥伴當然是可以配合你長時數瘋狂步調工作的人。你輕蔑懶散的同事，不經意施壓及脅迫來保障你的安全感，傷害（而不是支持）你的同事或部屬，以強化你的職位。

若你是個專制的工作狂老闆，在你的領導下，員工士氣很容易非常低落，燃燒殆盡的情況經常出現，你把同事都逼得喘不過氣來。你可能和同事的情緒生活脫節，對他們的需求和感受不敏感。

美國企業界發現，最健康的工作環境是那些考量人性因素、願意關照員工需求的組織。如果你是個可以以身作則、提供健康模範的經理人，透過輕推而非蠻力來激勵部屬，公司將收益更富創造性的生產力、創造出更多營收，擁有工作與生活更平衡的人力。

關心你身旁的人

工作成癮本身不具備傳染力，但負面作用很容易傳給身旁的人。工作狂的小孩沮喪與焦慮程

度較高，相信外在環境事件掌控他們的人生，而且會把這些心理傷疤帶到成年生活，倚賴他人作決定，強迫症行為傾向更高，缺乏自信心，焦慮和沮喪程度都比一般人高。

許多工作狂的小孩從家長那裡接收到的訊息是：他們並未達到標準，或是他們有問題，因為工作狂家長只重視表現，不重視孩子的本質。由於難以達到父母設下的高標，這些孩子把失敗內化為本身能力不足，很多人最後也工作成癮，對自己的表現永遠都不滿意。

臨終時，你不會希望自己可以花更多時間工作，花更少時間陪伴家人。明天是未知數，誰也不能肯定明天會發生什麼，時候到了就該採取行動，別留下不可逆轉的遺憾，人生最終就怕徒留遺憾。你可以和孩子或家人特別到餐廳吃頓飯，和他們散步聊聊天，計畫特別活動或旅行，增強你們之間的關係。聽聽他們說什麼，了解他們的近況，讓他們知道他們對你有多重要。

4月　開放心胸覺察

借力使力

如果你反過來運用工作需求的壓力，提高你的工作與生活平衡呢？如果你要求自己，投入多少時間在工作上，就投入多少時間和心愛的人相處？如果公司經理人說，同事在假日花了多少時間打電話溝通公事或查看工作email，就必須補請那麼多時間的假？如果規定你達到多少業績，就參加多少堂冥想課？如果公司要求你休假、不工作？如果你對待家庭聚餐、週年紀念日和親友團聚的積極程度，和對待工作截止日期的積極程度相同？如果你要求自己參與孩子活動的準時程度，一如你上班的準時程度？如果你安排和家人朋友同樂的時間，跟你和同事開會的時間一樣多？

想像你的頭痛、腸胃問題或胸悶情況減少，而且煩惱也減少，快樂增加，壓力減輕，更加心平氣和，不再那麼急急忙忙，更加放鬆，那該有多好？想像你記得放慢腳步，享受當下，會是怎樣的情境？

仁慈對待地球

想一下，你身為地球的一小分子，可以如何對世界作出正面影響，傳遞更多的快樂與愛？

你可以作出哪些改變，更仁慈對待自己生活的這個地球？怎麼做可以對環境更友善，為後代拯救地球？例如：減少碳足跡、資源回收再利用、無紙化？平日，你的腳步也可以更輕盈、緩慢、平和一點。當你的心智游移到過去或未來時，你可以提醒自己把注意力帶回當下，為人類的和平與快樂共同努力。

太空人佩吉‧惠特森（Peggy Whitson）待在太空的時間比任何其他美國人還多，從太空眺望地球，她的感想是：「我們需要更努力，才能成為一個地球，一個族群。」問問自己，在每年的4月22日世界地球日（Earth Day），你可以怎麼做，落實工作與生活平衡？也許，你可以安排時間，清理你居住的街道，為鄰人創造一點快樂？這類社區服務，你做得愈多，對地球的更加平衡所作出的貢獻就愈多。

他們走低級路線，你應該保持格調

同事或主管背叛你，你通常如何反應？心懷怨恨，因為這讓你獲得情緒上的滿足？但是，這樣就像吃老鼠藥，等待老鼠死掉一樣。持續憤恨對你有害，阻礙你發揮熱情和生產力，讓你一整天的工作被憤怒和難過占據、支配，消耗你的精力，一直讓你朝負面方向聚焦。

不論是在背後捅你的同事、懷疑東懷疑西的主管、愛管閒事的姻親……，你可以決定自己如何回應生命中出現的人。那些成功惹你生氣的人凌駕於你之上，但是他們能不能占上風，或只是幫你增強心理素質，決定權在你。你可以給別人權力對你的生活作出負面影響，或是完全聚焦在對你的身心福祉重要的事物上。背後捅刀者走低級路線，你始終可以保持格調，在工作、家庭生活及玩樂中，收獲積極正向的好處。

守住分界

當工作狂的另一半和小孩抱怨時，周圍的人總是表情木然。諮商師和臨床醫師往往建議家

人，就接受並配合工作狂的行程，而且建議另一半要停止抱怨。家人總被要求按照工作狂的行程安排生活——把孩子帶到辦公室，或是預期很多時間必須孤單，被迫加入維持工作成癮的行列。

在心理健康領域，「融合」（integration）這個專業術語意指「模糊分界」，這往往導致家庭機能失調。研究顯示，彈性工作分界往往會變成沒有分界，光是預期在下班後檢查工作電子郵件，就可能對你的健康有害。

出差時帶著小孩，或是偶爾把孩子帶到辦公室，可以讓孩子看看父母不在家時，都在做些什麼。但是，經常把另一半和小孩融合到工作領域，將使工作成癮繼續擺在家庭生活的核心，不慎地讓家人的生活也蒙上陰影。儘管矽谷可能頌揚這種對工作的「投入」，但這是許多大企業促成工作成癮，造成家庭凝聚力和穩定性崩解的一個例子。

為了致力於平衡，你應該區分清楚「模糊分界」和「健康分界」的差別。工作只是你的生活的一部分，不是全部，別讓工作影響了你和心愛

的人相處的私人時光。

學會交辦的技術

　　如果你很難直接把計畫轉給別人做，你可以學會分派項目，以提升工作成效。當然，這對工作狂來說，真的是說得比做得簡單很多。不能或不願把工作委派他人，背後心理是害怕——害怕別人搶走你的什麼、害怕失去對結果的掌控。即使你成功把計畫交出去了，也傾向緊盯著為你擔下工作的人，害怕放手，或許是因為相信沒有人能把工作處理得像你那麼好。結果，你還是晝夜持續工作，確保把工作做對，不想浪費時間看同事的一堆爛點子。

　　你應該重新看待交辦這項技術，別把委託工作想成是把你不想做的工作交給別人，也別害怕把工作委託他人或徵求協助，會被別人視為你有弱點或你無能，更別認為把工作委託他人，只能犧牲品質。你應該把委派工作視為擴展、強化自身能力的機會，讓自己成為有創造力的協調者、優秀的團隊合作者。學會放手的同時，你也鼓勵

同事擴展技能、增強判斷力。最終,透過分攤工作負荷,你減輕自己的負擔。

接受無常

這件事似乎很難做到,生活中充滿意外投來的曲球,若你無法接受無常,很容易就會變成恐懼,然後你會奮力抗拒,形成更多緊張。

期望說服主管同意你的點子、為公司採取一連串的行動……,你可能滿腦子想著你的見解,心心念念於結果,由於投入太多,很容易使自己失望與憤怒。你花了很多精力惱怒你無法掌控的事,而不是盡你所能擁抱不確定性。

無常是必然的,這是少數我們能夠確定的事情之一。若你能夠接受無常,待人處事會更心平氣和。誠如作家艾克哈特・托勒(Eckhart Tolle)說的:「若你能夠欣然接受無常,它就會轉變成增強的活力、機靈與創造力。」

你是否曾經抗拒不確定的情況,然後覺察到伴隨著這股抗拒,你的身體變得緊繃?放手接受不確定性,有助於減輕焦慮和沮喪,讓你保持開

4月 開放心胸覺察

放的心胸，心智平和、明晰。

培養友誼

從你的友誼往來，可以看出你內心的安全感程度。你必須擁有足夠的安全感，才會讓朋友看到不戴面具的你，在他們展現出最真實的一面時（當然也包括缺點），願意無條件愛他們。儘管他們容易犯錯，你還是能夠愛他們，想要創造雙向友誼。

你擁有這種可以真實做自己的朋友嗎？如果你和朋友的交情一直都不深，可能得要有足夠的動機，你才會願意冒險去建立這樣的友誼。你必須願意透露令你煩惱的事情、承認你害怕什麼，冒險讓他人看到你最脆弱的一面，分享你一直無法拿出來討論的東西。

擁抱破碎

生活讓每個人在某種程度上都是破碎的，如果你到了一定年紀，在某些方面是很破碎的，爾後在這些破碎的地方，你變得更堅強了。哲學家、

小說家及詞曲創作者從很早很早以前，就提出這個論點了：殺不死你的，只會使你變得更強大。

　　當然，在你痛苦往上爬時，最不想聽到的就是什麼「苦難使你變得更強大」這種話。如果你跟大多數的人一樣，會把創傷藏在心靈裡——那些激發韌性與毅力的創傷。每多一次跌倒爬起、挫敗振作，從逆境中學習，你就變得更加強壯。

　　你可以把負面經驗轉化為正面經驗，把失敗轉化為成功，把挫折轉化為前進。你的破碎之處內含的力量，比你眼前的挑戰更強大，若你不擁抱你的破碎，把它視為你生命中不可或缺的一部分，你就不會完整。誠如集中營倖存者暨心理學家維克多‧法蘭可（Viktor Frankl）所言：「一個人接受命運及生命中的所有苦難，接受他遭遇的磨難，哪怕是在最艱難的境況下，也為他帶來了充足機會，為人生添加更深層的意義。」

檢視自己

　　工作狂互助會的第四步，建議你誠實無畏地自省，幫助你辨識自身的長處與限制，使你能夠

辨察有利或阻礙你和他人成長的特質。

　　如果你規律自省，也許就會發現自己欠缺把工作委託給部屬或同儕的能力，但你心裡其實知道，同事能夠把工作做得跟你一樣好，甚至更好。或者，你可能認知到自己的標準不切實際，對那些與你一起工作、生活及玩樂的人不公平。你也許發現，你對跟不上你步調的人沒有耐性、不夠寬容，或者固執遵從自己的方法和觀點。你是否放開心胸看待不確定的未來或職涯結果？還是你把雙臂交叉於胸前，雙腳站牢，下定決心？在省視你排拒了什麼觀點、可能的體驗或友誼後，請思考：「我可以更加開放於什麼，以豐富我的生活，成為一個更充實、更覺滿足的人？」

4月重點

- 無懼自省你的工作與生活的融合狀態，辨識有利或阻礙你的成長、快樂與沉著的長處與限制。
- 練習正念呼吸，讓自己定錨於當下。
- 切記：不是每一件事情都急迫，調整你的目標與活動配合你的生活，不是讓你的生活配合你的待辦事項。
- 偶爾練習什麼都不做。
- 把工作交辦出去。
- 推翻你內心的惡霸，把憂慮當作朋友，不要創造敵對關係。
- 別相信你的每一個想法。

4月 開放心胸覺察

5月

承認你搞砸了

想成長為一個充分成熟的人，
你必須尋求那些幫助你茁壯的挑戰，
不是那些讓你在藤蔓上枯萎的安全境況。

　　5月（May）這個字，是以掌管作物生長與富饒的羅馬女神邁亞（Maia）命名的，我們可以把這個月份想成是個人成長的季節，培養誠正以茁壯的季節。研究顯示，培養成長心態，你更可能發揮潛能。成長心態指的是把困頓掙扎、錯誤及挑戰，視為使你變得更聰慧、更成功、更快樂的成長歷程，而非挫敗經驗。

　　描繪你的個人成長曲線，將會是一條有高有低的曲線，不是一條持續上升的直線。挫折只是你的成長過程的一部分，只要你肯承認、從中學習，作出修正，就會帶來成長。問題是，你的整個自我認同被追求事事完美與勝任給限制住，你承認被耶魯大學錄取，但隱瞞被哈佛大學拒絕。你不能忍受別人說你錯了或犯錯，你試圖逃避、掩飾，或假裝沒發生過。如果有人指出你的錯誤、要你注意，你就變得防衛心很重，否認或給你的錯誤找理由。你的可信度與誠信將為你的這種行為買單，隱瞞錯誤是比最初的搞砸更嚴重的失敗。

　　透過本章，你將增強你在搞砸事情或犯錯

之後，自信、從容化解尷尬局面的能力。關鍵障礙是？承認。這個月是你面對你的否認、自我欺騙、找藉口合理化的時候，為你的個人成長注入更多新鮮氧氣。隱瞞或否認做錯，只是把問題推到未來而已。就短期而言，隱藏一項錯誤，假裝沒有發生過，可能看似更容易。但是，當你願意展現脆弱，向某人吐露錯誤的實際情形，例如：因為你的不良工作習慣，導致你疏忽、傷害了誰，或是因為你否認犯錯，導致你未能看清真相，誠信受損，你就可以跨越問題繼續往前走了。這麼一來，你就能夠卸下你的恥辱、自我憎恨及孤立，勇敢採取不同的做法，改變工作成癮的習慣，活得更充實一點。

接受你身為人的易錯性，你就能夠用新態度去面對生活。你將會發現一些能夠增進你的工作韌性、關係親密度，以及調整工作與生活平衡的日常方法。你將會發現應付工作壓力、不平衡的工作習慣，以及改善在工作狂熱中久坐的訣竅。你也將學到把自我照顧、沉思及自我反省擺在優先的重要性，以及發展出以安全、有意義的方式

5月 承認你搞砸了

和工作以外的人連結的重要性。你將會更享受你的工作，找到更誠實、有效率完成工作的方法。你將會開始把工作擺在適當位置，保留更多時間給自己、你的關係及樂趣活動。你將會繼續冒險犯錯，有能力承認自己搞砸了，並且利用這些機會持續成長。

吟誦

吟誦（chanting）是存在世界各地長達數千年的一種修練，從美國原住民的吟誦，到羅馬天主教格利高里修道士的聖詠（Gregorian chant），種類繁多，歷史悠久。在我練習過的所有靈修中，吟誦是最能夠帶來滿足、鎮靜，擺脫緊張、放鬆身心的傳統方法之一。

呼吸、發出聲音，這個動作使身心以有趣且富創造性的方式合而為一。吟誦的方法很多，最常見的一種就是簡單吟誦「Om」（嗡），印度教徒認為這是宇宙的第一個震動聲音，是存在每一個字裡的震音。現在有許多內含各種吟誦的影音，可供你學習，找一下就有。

一開始，我建議你只吟誦5~10分鐘，再逐漸把你靜坐吟誦的時間增長到20或30分鐘。找到一個舒適、安靜的地方，先做深呼吸，放鬆你的身體。你可以閉上眼睛，也可以張開眼睛，或是保持半開。你可以大聲吟誦，也可以靜靜吟誦。正常地呼吸，在吐氣時，以緩慢、有節奏的方式重複「Om」。不必每次吐氣時都吟誦，你可以吟誦一次「Om」，呼吸一、兩次，再次吟誦。用丹田發聲，讓聲音震動隨著你的氣息慢慢上升，直到在你的鼻孔中共振。

動起來！動起來！

我承認，運動是滿討厭的。但是，讓我們來看看不運動的後果。多數美國人平均每天待在車上、辦公桌前或螢幕前10個小時，你的身體的設計並不適合久坐，久坐可能縮短你的壽命，使你死於心血管疾病的風險提高80%。

專家知道，經常運動能夠增強抗壓力，促進全身血流及氧氣循環，降低血壓，改善整個身心健康。當你動起來時，身體的緊張和心理壓力

5月 承認你搞砸了

獲得抒解，思考中的問題的解方變得清晰起來。如果你可以成功離開那張沙發，開始動起來，你可以多活十年。做什麼運動都可以，只要持之以恆就行了。不論是伸展操、走路、跑步或園藝工作，你永遠都可以選擇捨棄那張沙發、迎向健康，這可是一個很棒的選擇喔！

不是比工時，比工作成效

絕大多數領薪的受雇工作者都有某種工作壓力，若你是工作狂，工作壓力對你而言是雙倍禍害，因為你還把苛刻的觀點帶到工作上。

研究顯示，工作壓力可能把你變成一個不滿的工作者，使你在工作上比較缺乏效能。若你在辦公桌前的工時比同事長，你感到焦慮、沮喪及燃燒殆盡的風險都比較高，健康相關問題的數量可能是那些減少工時的人的兩倍。

為了降低健康風險，你可以考慮減少加班及勞累。永遠記得這句格言：「別工作得更長，要更聰明工作。」你可以把職場想成奧運，你在工作上的身心持久力，有賴良好的體能狀態。良好

的營養、規律運動、睡眠充足，能夠增強你平常的身心持久力。

良性壓力

在那家餐廳沒有獲得最好的那張桌子，真的有那麼要緊嗎？錯過這場棒球賽的頭五分鐘，有那麼要緊嗎？或許並不要緊。但是，當你習慣於壓力，它就變成了習慣成自然的第二天性，你甚至可能沒有察覺到自己在為小事緊張。

你可以不時問問自己，你是被壓力所困，還是受到良性壓力（eustress）督促——激勵你、使你感覺有活力，在你面對挑戰時，幫助你成功的有益壓力。良性壓力幫助梅莉・史翠普（Meryl Streep）多次贏得奧斯卡金像獎，幫助麥可・菲爾普斯（Michael Phelps）一直贏得游泳賽金牌，幫助湯姆・布雷迪（Tom Brady）多次奪得美式足球超級盃冠軍。所以，一點點的良性壓力，帶給你緊張和激勵，是很有益的助力。若你能夠告知你的神經系統，你現在面對的是哪種壓力，你會發現情況通常不如你以為的那麼糟。

今年我想這樣生活 #CHILL

捨棄「如果……？」的慣性假設思考

你可能和多數人一樣，會因為早已成為過去式的原因感到害怕，你的身體仍然對舊傷疤有著本能的反射作用——胃部翻騰、胸悶，腦海想著：「如果……，會怎樣？」這些侵入的思想，干擾你享受當下，使你一直憂心著未來。一直設想「如果……？」，是另一種形式的災難性思考（catastrophic thinking），把過往的恐懼再度循環至現在。實際上，多數這類設想從未發生，但這種詢問已經變成了一個習慣，你很習慣自問「如果……，會怎樣？」，因為它們讓你保持紅色警戒，強迫你試圖控管你無法預測的未來結果。當你一直翻來覆去思考「如果……，會怎樣？」，它們會擴展，你的思想會扭曲到使你在處理一個被放大的問題，但這不是真實的問題。

捨棄你腦海中那些「如果……？」的假設性疑問，能夠免去你很多焦慮，不再浪費一些時間，你可以把這些時間投入於工作。等到有具體證據之後再來下結論，不是在毫無證據之前就一直在煩惱，你會發現「事實」（what is）通常和

「如果……？」（what if）相抵觸。

勇敢

　　有時候，當工作需求緊追著你時，你不確定該朝往什麼方向。你應該拿出勇氣，願意讓自己開放於各種可能性，願意改變行不通的舊習慣，對改變敞開心胸，縱使你不知道這些改變的完整性質。你應該預備放下你的種種需求——想要掌控、追求完美，總是想把時間投入於快點完成，而不是傾聽與觀察。捐棄你的過度工作習慣之後，你就會願意讓更高的力量，引導你朝向帶給你滿足感及沉著鎮靜的改變。

　　試試這個小練習：閉上你的雙眼，進入你的內心。敞開心胸，想像你張開雙臂，願意接受生命帶給你的任何改變，不論愉不愉快。培養一個信念：相信你的內在有勇氣應付任何形式的改變。

把視野放大一點

　　你透過變焦鏡頭或廣角鏡來看待生活？當你的心智聚焦時，它會放大問題與艱難。廣角鏡看

今年我想這樣生活 #CHILL

得廣闊，幫助你看到更多的可能性。

想想你對生活或自己有什麼抱怨？例如，你可能認為基金價值不夠，或是擔心必須熬夜幾天，才能夠趕上工作進度。知道自己在抱怨什麼之後，思考更大的景象，當你擴大你的展望，你先前對生活作出的負面評斷現在有多重要？你通常會發現，當你把抱怨放到更寬廣的背景去看時，它就不再那麼令你痛苦了。

心智透鏡決定你對生活的不滿意程度，不是外在的生活境況。如果你能從不只一個立場來看一個境況，明晰度就會提高、痛苦消散，內心的平和將使你的實際生活境況變得不那麼重要。

懂得掌控通訊壓力

通訊壓力（tele-pressure）指的是不論何時傳來工作相關的訊息，你都有衝動立刻回覆。電子裝置響起時，你可能無法抗拒應答的衝動，因為鈴聲啟動了你的壓力反應，使你的大腦激增多巴胺。通訊壓力導致睡眠品質變差，造成高度疲乏，導致更多健康相關的工作缺席。

　　試著在休息時間和下班後，關閉電子裝置的
通知，避免打擾你的私人時間。你可以為家人和
朋友特別設定鈴聲，過濾其他來電。下班後，把
電子裝置局限在家中的特定區域使用，減少即時
回覆，以免其他人期待你隨時都在。

休假不用有罪惡感

　　只有57％的美國人動用年假。你可能帶著
一堆工作去旅行，或者乾脆不休假，因為超多工
作職責使得你休假壓力太大。休假前，你必須設
法超前工作進度，休假回來後，你得加倍努力工
作，所以你認為休假不值得。錯了！休假絕對是
值得的。

　　休假的目的是恢復你的身心，使你再度變得
充滿活力。為此，你必須劃出界線，在休假時，
限制自己不要處理工作，設法減輕自己的壓力，
也別瞎操心工作會一直累積。

　　你可以從安排年假開始，並且在你休假時，
訂定休假期間的工作限制，例如：每天只查看電
子郵件或打電話一小時。別一直工作到你開始休

5月 承認你搞砸了

假的前一刻，也別休假回來一下飛機就馬上恢復工作。可能的話，度假前後各留一天，休假第二天才啟程去度假，回來後還有一天休假，你可以收收心，恢復日常狀態。

處理和上司之間的不愉快氛圍

研究顯示，若你和上司有不愉快的互動，你的心情會受到影響，血壓飆升。這通常是因為你腦海中一再回放你們之間的不愉快情況，你的上司責罵你之後，負面效應會持續到你下班後的私人時間。

你的上司或許有權力影響你的工作，但沒有權力影響你的生活，你永遠可以選擇如何處理這類不愉快的情況。被動反應是不經思考對威脅作出本能反應，主動處理則需要你有意識地主宰生活。當你選擇主動處理時，你會記起你本身的力量，大過你在工作場所面臨的挑戰。

你不能等公司判定什麼對你是合理的，你必須主動評估你的工作，自己決定。你願意接受上司的不合理要求到什麼程度？下次，當你和上司

有不愉快的互動，你打算主動處理或被動反應？

擴建正向思維

　　若你經常有正面積極的想法，它們將產生累積效益，戰勝你的負面思想，科學家稱此為「擴展與建構」（broaden-and-build）效應。若你想減輕工作壓力、順利應付職場挑戰，促進工作與生活平衡，下列是你可以擴建正向思維的幾項小訣竅：

- 從負面思想中後退幾步，擴展你的視野，腦力激盪各種可能的解決方案。
- 針對不利的工作挑戰的每一個不利面，辨識有利點。
- 練習鼓勵性的自我談話，抵銷負面自我評判帶來的影響。
- 聚焦生活中你可以作出改變的正向層面。
- 多和正面積極的同事與朋友往來。跟負面消極一樣，正面積極會傳染。
- 每當你達到一個里程碑或重要的工作成就時，就握拳慶祝一下，肯定自己有多棒。
- 絕對別放過或低估工作危機中可以堅持下去的

5月　承認你搞砸了

機會，這完全取決於你如何看待，正面積極可使一切大不同。

保持冷靜，泰然處之

遭遇重大挑戰時，請記得保持冷靜，這跟克制自己不要抓癢一樣難，需要練習。工作上的沮喪和失望會劫持你的情緒，很容易導致你用不當的方式作出反應。失望時，如果你能夠克制自己不衝動發洩，就是避免在傷口上灑鹽。

有多少次，你正在專注做事時，卻被別人打擾？你可能因此感到不悅，甚至勃然大怒。沉著可以幫助你認知到，雖然你感到不悅，卻未必要作出生氣的反應。經常練習，你就能夠學會每次發生令人討厭或失望的情況時，你不必隨之起舞。

放下法錘，饒過自己

當你工作犯錯或遭遇挫折時，自我批判會給你另外的壓力，使你更可能放棄。如果你可以用中立的態度面對令人苦惱的情況，就可以減輕一些壓力。自我批判把你帶進失敗的循環裡，

從「我吃了一塊紅蘿蔔蛋糕」，向下沉淪為「反正減肥計畫被我毀了，再吃第二塊也沒差」，再向下沉淪為「我真是個魯蛇，永遠都無法減肥成功！」令你難過的不是吃了蛋糕這件事，而是自我批判。結果，難過把你帶進尋求慰藉的循環裡，慰藉來自你原本想要克制的行為——戒口。

下次當你感到失望時，腦海中浮現自我批判的聲音，請別試圖壓抑，大方承認這種不愉快的感覺，再中立低聲告訴自己：「哈囉，判官，我看到你今天很活躍啊！」調侃自己一下，這種簡單的承認可以幫助不愉快的心境平靜下來。

別孤立自己

很多時候，你可能覺得自己是唯一遭遇某個經歷的人：失去工作、關係破裂、遭到拒絕。當你把自己和他人隔離孤立時，你會以為只有自己體驗過這種感覺，別無他人了解。

你需要支援，使你不再感到孤立。和你親近的朋友知道，維持工作與生活平衡有多難，他們不會批判你，會抱持同理心。但如果你一直都把

時間花在工作上，可能沒有發展或維持這樣的支援體系。

你可以向誰吐露你的錯誤和憂慮？如果沒有，想想你是否已經讓自己孤立過了頭，然後請努力和你信任、感到安全、會鼓勵你堅持下去的人建立關係。

從你平日閱讀的文章或書籍、工作狂互助會的線上聚會、與導師的交談中，你開始認知到，你不是孤單一人。當你能夠體會他人的痛苦時，多少有助於減輕你本身的痛苦。當你感覺被另一個人了解時，你會感到安慰，這也幫助你度過許多波折。

學會踩煞車

若你總是趕趕趕，請記得提醒自己：對你來說，生活步調永遠都不夠快。你不知道你的限制，經常把自己逼到超過常人的耐力。放長遠一點來看，溫和對待你的工作，你可以成就更多，把工作做得更好，並且維持你的健康。放慢速度，踩煞車，下列是一些你該做與別做的事：

☑**該做：**思考如何放慢你的生活步調。預留時間用餐、走路、減速駕駛。當工作量太大時，願意對新要求說「不」。每作出一項新的工作承諾，就剔除待辦清單上的一項。覺察使你保持忙碌於工作的內心壓力，休息一下，喘口氣。平日記得不時做做橫膈膜呼吸，深吸深吐。

☑**別做：**拒絕讓別人的緊急事件變成你的危機。避免同時處理好幾件工作，一次做一件事的生產力高於多工作業。若你開始感覺正在做的某件事情很無聊、令你煩躁，就承認並接受這種感覺。

用大寫的「I」看待自己：保持高自尊

你用小寫的「i」或大寫的「I」看待自己？這聽起來似乎是個無聊問題，其實不然。若你用小寫的「i」看待自己，渺小而無足輕重，這會展現在你所有的生活層面上。若你認為自己渺小、影響不了什麼，請聽聽達賴喇嘛的話：「試試和一隻蚊子一起睡覺。」

不論你是男性或女性、同性戀者或異性戀者，不論你高矮胖瘦，外在條件都跟你的能力無

關，你必須打從心裡視自己為一流，不是在談判、行為舉止、自我談話，以及職場對待你的方式中畏畏縮縮、貶低自己。

保持高自尊，當你自己的啦啦隊長，對自己激賞地說：「做得很好！」，這些全都對工作與生活平衡很重要。現在，就花幾分鐘的時間好好想想，用大寫的「I」看待自己——你是強大的、你很優秀，然後留意你內心的變化。

關掉鬧鐘

你可能一直保持在警戒狀態，雖然沒有被綁在辦公桌前，你內在的紅色警戒燈號依然閃個不停，儘管根本沒有理由需要如此。這只不過是一種生理現象：你的大腦邊緣系統（limbic system）生性會誇大你的恐懼與憂慮，這是為了保護你，讓你得以存活下去。大腦邊緣系統〔或稱「蜥蜴腦」（lizard brain）〕把負責理性調控的前額葉皮質推開，分泌大量的壓力化學物質。

當你發現你的生存腦處於警戒狀態時，你可以深呼吸、後退一步，心生好奇。好奇心幫助你

釐清，你感覺受到威脅是沒有好理由的。問問自己：「我在害怕什麼？」，或「這發生的可能性有多大？」，或「可能發生的最壞情形是什麼？」

請你捨棄自我評判，展現自信，而不是時時處於警戒狀態，擔驚受怕，這可以使你免於自我攻擊，讓你更容易看清楚實際狀況。這麼一來，大腦的緊張執行功能就會平靜下來，讓你理性看待你如何在不經意中為自己創造了不必要的緊張和壓力。

慎防燃燒殆盡

若你長年蠟燭兩頭燒，也許正步向燃燒殆盡，由於工作與生活嚴重失衡，導致身心耗盡能量，情緒精力枯竭。自我照顧可以放慢你的腳步，為你充電。你可以把自我照顧想成鬆開油門，腳踩煞車，使你不至於大力撞牆。懂得踩煞車，為你的電池充電，可以讓你補充精力、提高生產力，變得更有效能，生活更快樂。

每天撥出時間放鬆一下，你可以去運動、玩樂、冥想、祈禱、練瑜伽、上街蹓躂蹓躂，放空

看看青草也可以。在你的待辦清單（to-do list）旁邊，也列出一張「存在清單」（to-be list），你會在清單上列出什麼？例如：看日落，看鳥兒築巢？

保持心理彈性

當情況變糟時（這真的在所難免），你是否被困難擊潰？你是否因為害怕做錯決定而一直糾結，或是你很快就會恢復，繼續前進？

職場韌性使你在99次的挫折中堅持下來，才有這第100次嘗試成功的時刻。自古以來，每個領域的偉大思想家都以不同的精闢言語，道出相同智慧：「不要輕易放棄。」就在你準備認輸、放棄時，情勢往往逆轉。想在職場上功成名就並不容易，你需要為自己建立復原區。

沒有達成目標，你可能會告訴自己，你無法繼續下去，你很想放棄。但是，你並不是真的想放棄，只不過這感覺好像是唯一選擇。其實不然，你甚至不是真的失敗，只是你這樣認為而已，只因為沒有達到你的期望。請記得告訴自己，你只是在穿越山谷，多數人在攀上成功巔峰

之前都會行經的一座山谷。

承認犯錯

　　工作狂互助會的第五步這麼說：「我們向上帝、向自己、向另一個人，承認我們的錯誤。」每個人都會犯錯，難的是認錯，並且接受後果。或許，工作過度導致你和朋友疏離或忽視家人，或者養成控制的習慣，排拒那些熱切於團隊合作的同事。承認犯錯，能使你原諒自己身為人的不完美。和你心愛的人、比較親近的同事、互助團體傾訴你的缺點，可以使你從自我譴責、找藉口、合理化、輕視或攻擊中解脫。你將變得對自己更誠實，承認你以往自以為是的行為，但不自我譴責或心生罪惡感。

　　你永遠都不可能停止犯錯，但是你可以停止否認犯錯。不論多麼努力，你都不可能做到完美，但你可以努力追求卓越。犯錯時，請不要用力鞭撻自己，好好把握機會學習，下次會做得更好。錯誤是非常好的老師，你可以利用它，使自己受益。它給你機會承認你的人性——坦承犯

5月　承認你搞砸了

錯，向誠正邁進一大步。如果你從來都不犯錯，如何知道自己誠實與否，如何看出你的行為其實傷害了他人？若你逃避身為人的必然缺失性，你自然避開了成長機會。不面對真相，你如何找到新途徑，成為最棒的自己，擁有更快樂、充實的生活？

5月重點

- 把運動和一些重要活動擺在項目清單的最上方。偶爾站著工作，避免在辦公桌前坐太久。

- 練習立刻向自己或他人承認你的錯誤，但是無須自我譴責，留意到你變得更誠信了。

- 劃出界線，使你在工作、家裡和玩樂時，變得更有效能、更覺滿意。

- 用正面積極的「Yes」展開每一天，接受生活中的不確定性，敞開心胸擁抱任何迎面而來的喜樂、挑戰或失望。

- 休假不要有罪惡感，這是要復原你的身心，獲得新活力。

- 每天撥出時間給自我照顧、正念冥想和自我反省。

5月　承認你搞砸了

6月

開明

屈從於太多需求，投入於太多工作計畫，
想要幫助每一個人、做好每一件事，
這就是在向暴力屈服。

——湯瑪斯‧默頓（Thomas Merton），美國作家

在晴朗的6月（June），夏至是一年當中白晝最長的一天，此時，一年十二個月已經快過了一半。把6月想成熱烈照亮的季節，讓覺察在你的意識中燃燒得更亮。展現你的意願——願意去除那些使你繼續陷在工作成癮中的有害工作習慣，也許其中一些是你在4月時辨識出來的不健康性格特質，例如：缺乏耐心、固執、完美主義、無法放鬆。這些特質不是你，它們是你不由自主及衝動的部分，致使你作出不經大腦、不符合最佳利益的決策，使你比真正的你遜色。

猶如飛蛾撲火，工作狂被高壓工作及工作場所的閃電速度吸引。若你覺得這聽起來像你，你可能還讓自己負荷多於能夠處理的工作量，然後再給自己壓力。佛教徒所謂的「正見」（Right View），可以幫助你變得更樂於改變導致你陷於狂亂狀態的舊思想與行為。透過「正見」，你學習覺察你的不健康工作習慣，注意哪種工作狂環境吸引你。一種教你放鬆的正念練習名為「開放覺知」（open awareness）——平和地觀察你做的每一件事，提高意識，覺察你的日常活動流中每

一刻發生的事,例如:正念工作、正念行走、正念飲食。

　　從現在開始,請你反省已經掌控你的生活、導致你作出不健康決策,使你無法過圓融、豐富的生活的工作狂部分。情況不如你想的那麼無望,一旦你願意照亮你的內在,就有可能改變那些舊型態,建立支持工作與生活平衡的新型態。用「開放覺知」來觀察你的日常例程,例如:從停車場走向辦公室的途中,留意雙腳踩踏地面的感覺,或是廣闊天空的感覺,以及你周遭看到的東西和聽到的聲音。

　　在這個月,當你練習冥想時,請特別點燃好奇之燈,照亮那些一直靜靜存在黑暗中的你的部分。照亮,開明,使你可能作出有益的改變,和更深層的真實自我連結,看到完整的自己。你將會注意到更多的自己,不再輕視你的潛能,認知到沉著與輕快的價值,並不亞於勞累與奮鬥。

第一天心態

　　「開放覺知」的練習能夠幫助你放慢腳步,

平日變得更加覺察你的身心靈狀態。

下次你前往工作地點時，想像這是你的第一天，留意入口、辦公大樓的內外建築，以及大家在各自工作區域裡的樣子，彷彿你之前從未見過他們，用全新趣味欣賞他們。你聽見什麼聲音，空氣中有什麼氣味？留意同事臉部的表情，穿透他們的眼睛，看進他們的靈魂，留意裡面有什麼。特別注意你是以評判或仁慈來感覺你正在觀察的那些人與境況？不論你的感覺如何，別因為這些感覺批評自己。

停止抱怨

愛抱怨的人把困難和逆境都個人化，認為事情針對自己而來，相信自己無能為力。大發牢騷的習慣，可能阻礙你在職涯階梯上的晉升。若你生性傾向悲觀愛抱怨，請試著努力別把職場上的艱難想成是針對你而來的，聚焦於找到解決問題的方法，不是只會一直抱怨，這樣沒有幫助。

工作困難、壓力很大時，正面心態能夠支持你走得更遠。請留意你對工作和家人的態度，

約束你一部分的態度。現在，請你花一分鐘想想
自己在工作上遭遇到的一、兩個困難，試著找出
你可以從中學到什麼。然後，想想工作上令你期
待、喜歡的正面之處。

避免一直和別人比

　　當你拿別人的生活境況當作標準衡量你自己
的生活時，你很容易不公平地批判自己，最終認
為自己不如人。

　　不停地與他人的成功相比，你自然而然會
貶低自己，縱使他人很看重你，你還是相信自己
評判的比較結論。擺脫這種惡性循環的方法是，
為同事的成就感到高興，同時看重你自己的好運
及特質。現在，請把謙遜拋到窗外，花點時間思
考你的特質及獨特的才能。然後，問問自己，你
是否相信這些特質與才能？若你認為自己還不夠
好，你可以如何調整你的態度，肯定自己，展現
得更平衡，擁有更好的表現？

學會自我疼惜

我打賭，你絕對不會想用對待自己的方式對待你心愛的人：為了一些最小的錯誤抨擊自己，不相信自己的能力，或是嚴厲批判自己。仁慈的內在聲音在困難時刻能夠幫助你，猶如對創傷敷上良藥。

首先，請你觀察你有多常貶低自己，然後開始用寬慰的聲音去擁抱苛責的聲音：「別急，你行的。深呼吸，慢慢來，你可以的。」經常這麼做，將釋放正面情緒，例如：熱情、興趣、啟發、振奮，讓你擁有更多信心應付日常壓力。

走中道

你可能以非黑即白的極端看待工作與生活卻不自知，這使你看不見事實上通常存在的灰色地帶。

當你陷入工作狂的非黑即白思維時，請試著讓自己去尋找灰色地帶 —— 那個介於極端之間、被稱為「中道」（middle way）的某個點，使你達到更佳的平衡狀態。找到中道後，調整心態，從

「我必須把工作做到完美，否則乾脆別做」，變成
「不用事事追求完美，偶爾可以冒點險，從錯誤
中學習。」

　　練習尋找灰色地帶之後，你會開始更清晰地
注意中道，更仁慈地對待自己，把工作與生活導
向更健康的平衡狀態。和自己約定在中道會面如
何呢？

避開工作狂文化

　　你不僅要留意你的工作型態，也要注意你
被哪種工作環境吸引。重視工作效能優於同仁福
祉的高壓工作，通常會吸引並讓工作狂繁盛。尋
找新工作時，你應該找那些把員工福祉擺在第一
優先考量的工作，找那些重視員工身心健康，鼓
勵同事在工作之外也有健康生活的公司。通常，
求職者會在線上對公司做一番研究，才應徵和
面試。切記：先為自己的身心福祉把關、篩選環
境，這是你能做的最棒功課！

今年我想這樣生活 #CHILL

慶祝自己的成就

許多工作狂有「冒充者症候群」（imposter syndrome），無法把職場上的成就歸功於自己，認為自己是個假貨、欺騙他人，讓別人認為自己稱職或能幹，但並不相信自己有那麼稱職或能幹。冒充者症候群的癥結在於你認為自己不足，有嚴重缺點或能力不足，你提心弔膽，害怕自己的缺點或不足暴露。縱使實際情況反駁你的這些自我看法，你仍然不相信事實，維持自我形象，亦即你對自己的看法。為了覺得自己夠格，你讓自己工作過荷，期望這麼一來，你就能夠開始像他人那樣，正面評價自己。

別再自我貶低了，找理由對自己引以為傲。想想你的成就，以及你所做的一切努力。當你放下自覺不足，開始擁抱你的成就，你會發現，你有許多值得稱頌的成就與優點。

你應該學會控制自己

需要掌控感，這是工作狂的正字標記。你可能認為，只有你能夠解決問題，其實可以委由他

人處理。一旦計畫不在你的掌握之中，你就會覺得失控、沒有安全感。對於你知道自己能夠做得很好的工作，你很難相信另一個人也能做得很好。

凡事別過度規劃，有時試著隨興一點，多一點彈性。當你無法控制發生的情況時，請試著讓自己放鬆，聚焦於管理自己如何反應、處理眼前的狀況，不是試圖掌控你周圍的一切。

對自己有耐心

當該是時候作出改變，你也很容易匆匆作出決定，急於揮別過去，重新開始，但這可能導致糟糕的結果。你不能期望一天、一週，甚至一個月，就成功改變舊思維及習慣，你是經過一段長時間，才變成工作狂的，想要擺脫工作成癮同樣得花時間。

當你發現自己對進度感到不耐煩時，「一次一小步」這句話，可以幫助你橫越沮喪與停滯之海。對自己承認，你無法讓情況進展得比目前還快，你會發現，你其實一直都在前進。

6
月
開
明

記得休息

當工作過度成為常態，放鬆就變成事後才想到的事，但是，休息能夠強化你的創意思考及團隊合作能力，讓你充電。

復元休息（restorative rest）促進工作與生活平衡，有助於你在所有領域表現得更好。復元休息是一種被動休息（passive rest），你的心智處於類似醒著睡眠的狀態，心跳和呼吸徐緩。它讓你暫停工作，進行自我照顧的活動，把你帶出24/7的工作生活模式，清理你的頭腦。讓復元休息成為你的日常例行項目之一，你可以獲得一些休息時間，不需要做任何事。

找樂子讓自己笑一笑

你可能覺得，輕鬆看待生活是不負責任的行為，歡笑與趣味似乎和完成工作相抵觸。你嚴肅、沒有幽默感的堅毅態度，認為生活就必須完全投入工作，沒有玩樂。你甚至可能鄙視那些在辦公室歡笑、講笑話、製造輕快氣氛的同事。當你忘了怎麼笑，不去看生活的幽默面時，你允許

忙碌一併帶走生活中的快樂。

　　為了致力於更平衡的生活，你必須放開一點，懂得玩樂。幽默感不但不會減損你的生產力，反而為緊張的工作環境增添一點趣味，減輕工作壓力，改善效率和士氣。有趣、更平衡的生活祕訣，也許只是簡單的大笑一下，抒解你的壓力。

　　你上次開懷大笑是什麼時候？希望你還記得。這個月的主題是「開明」，隨著你逐漸開放自己，也該學會不時為自己創造歡樂。

端出讚美三明治

　　與他人溝通時，你可能覺得很難做到坦誠，於是你否認問題存在，或是以拐彎抹角、不直率的方式溝通問題。你可能只是隨便給點暗示，或是透過非語言行為、傳話，甚至期望別人讀懂你的心。

　　「讚美三明治」這種溝通方式，能夠幫助你表達意見，提出建設性的反饋。沒人喜歡被負面評價抨擊，若你用正面真誠的話起頭，對方會更容易聽進你接下來要說的評論，最後你再用讚美

6
月
開
明

的話結尾。這個方法能讓你提供坦率的意見，又能讓對方卸下防衛心態，聽進你的意見。

你是否逃避直接面對你心愛的人或某個同事，以至於你們之間的裂痕加深？你可以採取什麼方法修補你們的關係？試試這個新工具，把你們之間的問題提出來討論，療癒你的生活。

保留更多時間給自己

你太忙了，沒有和心愛的人共度有質感的時光。你推掉社交活動邀約，因為你沒有時間。在保持身心健康方面，你變得不負責任。不是你沒有時間，是你沒有把時間留給自己。

永遠都要記得，你的首要責任是照顧你的健康。如果你能記得提醒自己擺脫過度工作的習慣，自我照顧會逐漸排到優先要務之中。學習少花一點時間當個過度負責的工作者，養成習慣，把更多時間留給家人朋友，把生活過得更充實一點，人生不是只有工作。

你的人生目的是什麼？

不惜犧牲一切投入工作的衝動，是一種精神疾病。工作狂很容易把整個人生目的擺在工作上，尤其當因為工作成就而受到讚美時。但是，在忙碌的皮相之下，內心其實存在一個很深的洞，失去真正的人生意義和目的。

不停工作取代了真正的人生目的，給你一種虛假的安全感、力量，讓你覺得自己對生活有所掌控；實際上，這對你造成傷害，你感到耗竭，失去精神支柱。

擺脫工作成癮的復原過程，幫助你不再混淆「擁有事業」與「擁有人生」，開始尋找建設性的消遣。你可以透過深度的心靈連結，找到新的人生目的與意義。你是否和人生中重要的東西脫節了？若是的話，請想想你可以採取什麼行動補救？釐清你的核心價值觀，追求新的人生目的，為自己創造更放鬆、更平衡、更快樂的生活型態。

聚焦於結果

當你聚焦於活動本身，而非聚焦於結果時，

6月 開明

今年我想這樣生活 #CHILL

你的生產力可能較低。在許多情況下，工作狂是為了工作而工作，深陷細節的泥沼裡。其實，許多工作可以用較少投入、較少時間完成。

你可能說服自己相信，你週六必須加班才來得及交差。然而，從容、有效率的工作者，可能在平日加倍努力、請求協助，或找出更有效率的工作方法，以期週末完全擺脫工作，輕鬆生活。在外界看來，工作狂顯得更投入工作，但動機並不是把工作做得更好，而是為了持續工作，藉此減輕不愉快的感覺。

你呢？你投入工作的時間量，等同你的生產力水準嗎？你能不能用更有效率的方法把工作做好，讓你的工作時間與休閒時間取得平衡？

接受拒絕

對於你很在意的事，往往難以應付與接受拒絕。當你應徵理想工作被拒，當你未能通過一項考試，或是當你很開心完成約會之後，卻從未再收過對方的簡訊，你感到難過。職場上的拒絕尤其令人難過，例如：老闆選擇升另一個同事，而

不是你。

　　接受這個事實：無論工作或私人生活，每個階段本來就存在許多拒絕，成功基本上是建立在許多拒絕的基礎上。在復原的過程中，你學習接受欲望的對立面，學習接受挫敗，一如你接受成功，畢竟你不可能只有成功，沒有失敗。換個想法，把拒絕想成路上不小心絆到一次，不是路途的終點。

　　你的力量在於你如何回應拒絕，而非拒絕本身。記得，你並不孤單，遭拒通常不是對你打臉；事實上，它往往是好事即將到來的前兆。

培養抗壓性

　　你的身心不是一直都保持在巔峰狀態，你可能經常隨便吃速食，忘記休息和規律運動。也許，你經常狼吞虎嚥，睡眠不足，忽視可能顯示壓力或重大疾病的疼痛。記得提醒自己為身心補充燃料，這樣你才能更妥適應付壓力。

　　科學研究指出，體適能與抗壓性之間有重要的關連性。減輕壓力的聖杯是經常運動、睡眠充

6
月
開
明

足、良好的營養，這些結合起來，可以增強你的抗壓性。花時間把這些變成你的生活習慣，你將更能夠承受麻煩及輕微的煩擾，例如：忍受排隊排很久、交通混亂或班機延誤。用關注和愛回應你的需求，將帶給你治癒身心的精神食糧。

享受獨處的可貴

你精力充沛，下班之後，腦袋仍在快轉？我想也是，但是你並不孤單，太多人在長時間工作之後，不懂得優雅脫身，自在享受獨處帶來的身心放鬆。你可能拒絕面對自己，用超級忙碌來填滿你的生活，以逃避孤獨感，因為你害怕一感到孤獨，某些深藏的感覺就會浮現。然而，你必須正確看待你從出生到死的唯一伴侶的重要性，那就是你自己。

寂寞感源於自我匱乏，獨處可以充實、豐富自我。透過獨處，你學會找到平靜與沉著。無論在家裡、辦公室或其他特別的地方，獨處是你為自己蓋的一座聖殿，讓你可以冥想，省思你的生活。獨處為你填補因為日常事務導致的身心耗

損，為你築成高聳、穩固的海堤，抵擋俗務浪潮的沖刷。

換個角度，你會看得更遠

不論你是苦惱不斷的家長、動機很強的企業戰士，或是對未來感到憂慮的退休人士，壓力都會找到你。如果你不懂得調整心態，很容易就會抱持負面觀點，聚焦於出錯的地方。

提醒自己，別總是聚焦於負面事物上，挑戰自己改變思維，從「我今年繳的稅比往年多」，變成「我今年賺的錢比往年多」，從「我不去參加這個派對，因為我又不認識任何人」，變成「我要參加這個派對，因為我也許能夠認識一些新朋友。」很多事情你可以改變你的視角，留意被壞消息掩蓋的好消息，例如：從「我朋友的車子全毀了」，變成「車子全毀了，幸好沒有人受傷。」

在壓力之下，改變視角，可以重塑你的思維，訓練你找到正面解方。經常這麼做，你可以培養多一點的正面情緒感受，為生活注入平靜。

6 月 開 明

適時關閉戰鬥模式

你可能偶爾覺得，工作與生活平衡是一場無止境的戰役，戰事一場接著一場。當你發現自己一直有挫敗感時，該是內省的時候了。你可能有時在不知不覺中用好鬥心劃出戰線，試圖把你的意志強加於他人，拒絕傾聽別人的觀點，或是傾向採取以往的做事方法。若你是一個好爭辯或專橫的人，你創造了自己內在的戰爭而不自知。

當發生不愉快的情況時，令你激動的不是情況本身，而是你的想法。經驗本身並無好壞之分，就只是經驗，但是從你主觀判斷的那一刻起，你就變得感情用事了。若你不自覺把情況放大來看，很可能意味著你迷失方向了。只要擺脫那些想法，你會發現，許多磨難其實不過是小事。

你需要改變哪些好鬥的態度？你是否堅持按照你的方法做事？期望生活按照你希望的方式進行？你強迫別人接受、抗拒，或總是傾向哪些觀點？

克服你的拖延病

　　當你無力應付龐大的工作量時，拖延成為你的招數之一。你也可能因為害怕你的努力不夠完美，故而逃避工作。但是，這麼一來，負荷就會愈來愈大。隨著工作愈積愈多，你可能變得焦慮、易怒，甚至感到自我憎恨。短期而言，拖延帶給你一時解脫；長期而言，拖延只會增加另一層的壓力，使情況變得更糟。

　　你比你的拖延病更有力量，請務必提醒自己這點。你可以容許自己不完美、犯錯，打破拖延的惡性循環。重點是，早早面對愈來愈長的待辦清單，千萬別等到最後一刻才開始。你也可以把工作分成好幾個部分，一次處理一個部分，別想要一口氣完成全部，大喊著吃不消。面對工作項目，先決定哪些是重要的，從你可以快速完成的項目著手，這可以幫助你真正動起來。

真實面對自己，發揮影響力

　　在工作狂互助會的第六步，你準備改掉你的缺點。一直以來，為了追求完美，你無法容忍錯

6月
開明

誤，努力避免犯錯，或試圖掩飾錯誤。這種不誠實降低了你的誠信，諷刺的是，這恰恰創造了你極力避免的不完美。你的誠正對於你的重要性，遠大於別人對你的看法。你應該大方承認缺點，從中學習，然後準備改掉這些缺點，成為自我修正的能手。

真實面對自己，你不一定得是最優秀的人，或是懂得最多的人。你應該誠實面對自己不懂的東西，而不是一直吹噓你懂的東西。承認你的錯誤，願意修正錯誤，並不意味你貶低自己、容易自滿或不負責任。承認你的錯誤，使你能夠擺脫不誠實，心平氣和接受自己的不完美。這無損你的價值，反而會提升你的價值，使你變得更強大，成為值得欽佩的領導人，一個真正影響力人物。

6月重點

- 用「開放覺知」觀察你的日常例程，培養清澄、平靜的心智。
- 負面情況中看向正面，聚焦於解決方法、不是問題，用點小技巧智取悲觀心態。
- 當你無法控制發生的事時，挑戰自己，放下、隨遇而安，聚焦於管理你如何反應。
- 擁抱獨處，你可以利用這些機會自我反省或練習冥想，好好為自己充電一下。壓力下保持冷靜，試著改變你的視角。
- 留意生活中令人輕鬆、愉快的事物，記得找樂子讓自己笑一笑，幫助自己放鬆，達到更平衡。
- 真實面對自己，真誠對待他人。承認與改正你的缺點，從中學習。

6月

開明

7月

謙遜

讓你的繁忙心智與謙遜為友，
使你不至於把你的大腦操到耗竭，
你的大腦也不至於把你操到耗竭。

7月（July）是以凱撒大帝（Julius Caesar）命名的。對一般人來說，炎熱的夏日是到戶外放鬆的季節——游泳、健行或烤肉。但是，不工作就會焦慮、有罪惡感的工作狂，輕視玩樂的價值，忽視戶外樂趣或國慶日之類的節日。你呢？你是否避開社交活動、業餘愛好和休閒活動？夏季，你是否繼續在辦公室孜孜矻矻地工作，縱使同事叫你休息一下，你也不理會？若是，7月該是你反省與深思的時候了。想想無法放鬆如何孤立了你，讓你的自負掌管一切。

自負（ego）剛好也是「Ease Good Out」（把好事打發走）的首字母縮略字。當自負掌控你的生活時，它阻擋你了解更深層的真我，阻礙你充分融合你的生活。你的自負低語告訴你，工作是你人生中最重要的事，你很了不起，因為你的獎酬和你獲得的賞識都達到巔峰。

在本章，我將帶你如何內省，對那些因為你的自負過度聚焦於工作而受到傷害的人作出道歉與修補。你在6月時已經變得開明，現在轉變的最佳良藥，是服下一劑謙遜。不謙遜，難以改變

個人的缺點。謙遜使你完整檢視自己，看出你的人生不是只有工作計畫與截止日期。謙遜為你提供誠實的視角，讓你看出心愛的人、朋友和同事更重要。謙遜幫助你放棄想要掌控每個人與所有情況的欲望，離開你的宇宙中心，變成家庭、社會團體、工作場所中和諧融洽的一分子。

你將對周遭的人發展出了解與同理心，他們或許是你一直以來輕視或忽略的人，或是你努力想贏得稱讚，讓他們看到你的才華、告訴你你有多棒，或是羨慕你的成就的人。從現在開始，你可以和其他人站在同一水平一起放鬆，融入他們的生活，不再期望他們丟下一切，融入你的生活。你將更深入檢視自己，願意感受你用強迫忙碌及過度工作來掩蓋的痛苦。感受痛苦和感受快樂一樣，都可能使你觸及更深層的心靈境界。用你新學會的從容處世態度，向你以往所做的努力致意吧！

在7月，別阻擋任何事，別塞得太滿，別妨礙任何事，少想自己，多想他人。你的虛心節制之旅將使你變得謙遜，不再試圖變得了不起。讀

完本章，你會認知到，工作與生活平衡並非只是成就與肯定，或是不再煩惱或失望，還有願意展開雙臂，擁抱一切。

讓你的心安靜下來

短短兩分鐘的正念，就能夠幫助你更認識你想要忙碌的欲望。7月最適合走到戶外，讓大自然把你帶離社群媒體和充滿工作的人工世界，讓你的心安靜下來。雖然短短兩分鐘可能使你覺得像永恆，切記：把你的坐立不安給克制下去，別半途而廢。

你可以試著沉思兩分鐘關於大自然的某個面向，感受它令你謙卑。比方說，觀看草的生長、觀察植物，或凝視一座瀑布，感覺微風輕拂你的臉龐，留意花朵的顏色，或注意鳥兒的叫聲。當你想去做某件事的欲望浮現時，別對抗，而是聚焦，就像你在健身時聚焦一個部位的肌肉那樣。不帶任何批判地留意你的感覺，也別試圖去改變這個感覺。問問自己，這股欲望是否試圖把你的注意力從你本身的其他層面轉移或掩飾這些

層面，不管是焦慮、害怕失敗，或親密關係的問題。不論是什麼層面的問題，對它注入慈悲與謙卑，看看這樣是否讓你的心安靜下來。

當心工作暴食症

有些人的失控工作型態屬於「狂吃狂拉型」（binges and purges），這是暴食型工作狂（bulimic workaholics）。你是這種人嗎？若是的話，在面臨時間倒數的迫切之際，你瘋狂提高生產力，隨後恢復惰性。你過度承諾，等到最後時刻，瘋狂投入工作，把事情完成。

拖延和完美主義，是工作暴食症（work bulimia）的一體兩面。你因為害怕無法完美做好一項工作計畫，因此拖延；你被完美主義癱瘓，歷經長時期的工作惰性。雖然你遲遲未動工，仍然執著於完成工作。外表看來，你似乎在逃避工作，但內在的你，非常執著於賣力工作。

當你感覺招架不住時，拖延工作可能煩擾、侵蝕你，導致你焦躁，甚至討厭自己。解決的關鍵在於啟動，從待辦清單上挑一個你能夠用短時

間完成的項目，這可以移除拖延導致的心理負擔，激勵你繼續做下一個項目。

慶祝全國工作狂日

　　每年的7月5日，是美國的全國工作狂日（National Workaholics Day），獻給那些把全部時間投入工作，忽略其他生活消遣的人，旨在促使人們意識到，加班、略過午餐、睡眠不足，對全美的工作者而言是一杯致命的雞尾酒。

　　鼓勵你在這天作出生活型態的改變，對其他生活層面給予應得的重視，包括：玩樂、社交活動、嗜好、運動、睡覺、吃健康的食物、照料各種人際關係。否則，你將有疲勞的風險，疲勞的大腦延緩反應時間，減損決策能力，喪失情況覺察與控制力。

　　這天是傳播與教育人們工作成癮危險性的日子，若你認識工作狂，記得提醒他們休息一天。你們可以一起做點有趣的事，例如：找間餐廳好好吃頓飯、去健行等等。若你自己就是工作狂，這天休假吧！學習放鬆，思考你需要注意哪些層

面的平衡。若你已經很久沒有休假，那就休個你已經需要很久的假吧。

提高明晰度

　　工作過度阻礙了你看清工作成癮已經駕馭你，攪亂了你的知覺，就像瘦骨如柴的厭食症患者，看著鏡子裡的自己，還是覺得很胖。或許，你完全藐視那些指責你工作過度的同事或家人。

　　你受到主觀經驗的影響太深，以至於否定周遭人的客觀看法。這種否定使你繼續深陷工作成癮中，看不清楚狀況。從容的工作者坐在辦公室裡，幻想自己站在滑雪坡上；工作狂站在滑雪坡上，幻想自己坐在辦公室裡。

　　揭開知覺扭曲的面紗，困惑及遲疑不決的雲霧就會消散，從「初心」的視角，你就能開始由內而外看得更清楚。現在，請花幾分鐘的時間，用「初心」去深思，看看你是否能夠移除盲點，以更高的明晰度和更多的可能性去體驗生活。

7月 謙遜

別再把事情複雜化

若你是職場上的天王天后，可能經常對自己和他人設定不切實際的截止日期，造成工作過荷，企圖同時完成許多事。你把小問題搞成誇張的災難，對最輕微的障礙發出誇大不實的警報，對生活中的微小不幸嘮叨挑剔，惟恐天下不亂，卻覺得自己是受害者，不是倖存者。你獲得腎上腺素與可體松分泌激增帶來的快感，你的同事及部屬卻被壓力搞到失常。

在致力於平衡的過程中，職場天王天后醒悟，誇大聳人不能替代努力工作。你可能謙遜地覺察到自己想要進入危機模式的傾向，若危機真的發生，你會記得發牢騷純粹是一種選擇，但不是最理想的選擇。你開始調整心情，放慢工作步調，避免過荷，防止小事變大。

觀看你的自我談話

你是否曾在一個重大工作時刻到來前，心生不祥的感覺？這種感覺來自你的內心聲音在預測你將搞砸，或是你要提出的點子或簡報不會獲得

很好的回響。

自我談話並不是全部的你，只是你的一個層面。你遠比那個聲音大得多，就像你不是只有手腕或胸腔而已。當你注意到自己陷入一種不愉快的情緒狀態時，例如：憂慮、憤怒或沮喪，試著和那個部分的你保持一些距離，用客觀之眼觀察，就好像你注意到手上有個汙點，問問自己，這個不愉快的情緒源自何處？別趕走這個不愉快的感覺，用類似「哈囉！懷疑，我注意到你今天滿活躍的喔！」的態度承認。

現在就試試看吧。想想一個揮之不去的想法或感覺，持續困擾著你。然後，用好奇心觀察，就像你好奇觀看一片葉子漂過溪中的岩石，讓它來了又去，別把它與個人連結，別抗拒或認同。這個方法把你和那個不愉快的情緒區分開來，最終它會漂走。

面對真我

當你努力證明自己的價值時，每一件事、每一個人都變成你用來評量自我的標準。你認為你

的做事方式就是正確方式，你把別人的勝利放大成你的失敗。你依戀你的學位、頭銜或制服，但你真正需要的是問問自己：在你的人生中，什麼才是真正重要的東西？

敞開自己，讓別人看到真實的你，其實並不容易，因為你本能上會保護自我，力求生存。需要信心與勇氣，才會願意冒險讓別人一瞥你的真我。當你能夠冒險爬上枝頭，才能找到樹上的果實。冒險讓你的靈魂發光，你會放下保護自我的盾牌，培養出更大的信心與勇氣。你將會發現，當你活出真我時，你獲得的成功與快樂，遠遠超過以往所能企及。

點燃熱情

若你對工作的某些層面非常焦慮，那你可能在上班之前，就已經聚焦在這些層面上。你聚焦的東西，就會放大；當你聚焦在擔憂害怕的事情上，這些事就會在你的內心變得更大。但是，就算你面對充滿挑戰的一天，仍然可以帶著相同熱情去上班。

　　帶著熱情去工作，熱情會激發火花，把事情做成。問問自己，工作日的哪些層面，令你感到振奮或激發你的熱情？讓自己聚焦在那些帶給你快樂、激情或純粹樂趣的事情上。

　　是你喜歡的某個同事或客戶嗎？是工作環境中的某個地方或某種互動？試著在當日行程中找到你期待的部分，然後聚焦在這些部分，讓它擴大成你內在的熱情。懂得這麼做，你會因此獲得更多放鬆時間，取得更多工作成就和個人快樂。

工作成癮只是一部分的你，學會區隔

　　想要工作的強烈欲望，只是你這個人的一部分，當你能夠把這個片段區隔開來，你會發現，它一直以來纏住了你的其他部分。你再也不需要像碎片般生活，活得不完整。人生有太多可以去探索，一旦你準備過更豐富、充實的生活，擁抱全方位的自己，你就能開始把強烈的工作欲望視為片段區隔開來，你就會有明晰的心智去思考：「其餘的我是誰？」若你沒有答案，沒關係，因為你有很多時間可以去探索、發現，這個過程就

7
月

謙
遜

是復原。

　當你能把工作成癮視為你這個人的一個片段時，你就有能力把其餘的你編織成一幅美麗的圖案。當你開始用這個新眼光看待自己，這幅瑰麗的完整織錦就有了更明晰的意義。

學會放鬆，正念工作

　比起放鬆，你可能更習慣於混亂。一想到需要斷電一下，你就渾身不舒服，無事可做時，你甚至會感到恐慌。你習慣讓大腦瘋狂快速運轉，每天忙於工作，生活壓力也不容許你放慢腳步。

　但是，若你想取得理想的平衡，就必須學會管理你的心智和工作，不是讓它們控制你──我稱為「正念工作」（mindful working）。鎮靜幫助你建立一個平和的中心，你從這個中心出發，過你的生活。當你放鬆時，你的心跳和呼吸速率放慢，心智敞開、更明晰，你的行動和決策都是經過深思的，穩重、平衡。憂懼消退之後，愉快的平靜感使你覺得世上的一切似乎都不錯。必須一提的是，你只會突然湧現這種狀態，別以為你可

以恆常生活於放鬆狀態，但是正念練習得愈多，你就愈能更常進入放鬆狀態，縱使是在混亂激動之時，你也能夠做到。你將變得生產力更高，身心更健康。

順從

在工作中，多數人不時會經歷自我懷疑、被拒絕及失望帶來的痛苦，謙卑能夠幫助你接受一切。接受結果，別抗拒，這樣可以減輕你的痛苦，使你有能力放鬆、感到解脫。

現在，請你想想你在工作上遭遇的一個失望或理想幻滅，找個安靜的地方，冥想這股失望或悵然若失的感覺。當你聚焦於這股感覺，用幾分鐘想像你是這個令人敬畏的宇宙中的一粒沙子，想想這個宇宙還有許多比你和這股失望感遠遠大得多的東西。然後，自我疼惜，看看你的內心與靈魂是否能夠接受這次的挫敗感。

重新啟動：改變心態

一位朋友告訴我：「我在工作上總是落後。

7
月
謙
遜

你可能會說，如果你刻意逃避的話，當然會落後。但事實是，我不需要逃避啊！因為我總是在後面苦苦追趕。」你也有這種感覺嗎？覺得工作壓力大到令你吃不消，總是感覺受到壓迫？

留意你如何描述工作上的困窘，這是一扇窗，能夠看透你內心真正的感受。當你說：「我總是落後」，你可能用「你有錯」、「你做錯了」，或「你做得不夠」之類的訊息壓制自己。但是，你有能力創造你在工作中的體驗。若你自認為是任由職場擺布的無助受害人，你就會變得悲哀、不幸。若你認為自己是堅強的，你可以自問：「我如何面對工作？」，留意你的感覺逐漸轉變。

我的朋友如此重新架構她的工作情況：「我擔任的職務，是許多人多數時間可能都會覺得自己落後的職務」，這種新的想法使她的抑鬱感消失。你是否需要改變心態，使你不再把工作壓力個人化？去除自我談話的抑鬱性質，你就能夠擺脫被困住的感覺，提升你的自信感。

別害怕，往內挖

你不停地忙於工作，會不會是因為害怕面對你內心深處的什麼，所以用工作來逃避？你不想或無法面對的事情，使你努力不懈，工作一件接著一件做，用工作來轉移注意力，逃避深入挖掘。若你是工作狂，應該知道我在講什麼，你可以感覺得到，那種持續出現的煩躁不安，不是嗎？如果你一直不去了解、探究你到底在害怕面對什麼，只是不斷地把問題往深處埋。

到了一個時點，你必須開始不帶任何批判地自問：我在逃避什麼？會不會因為我曾經受過傷，所以害怕親密關係？我怕別人不喜歡真實的我嗎？我擔心自己不夠格、不稱職、無法達標？我的內心深處在說我沒有權利嗎？我這麼誇張工作，是為了抵抗強烈的焦慮感嗎？

經過一些挖掘之後，我終於去面對工作成癮在幫助我逃避什麼，這使我得以解脫。你知道你在逃避什麼嗎？如果不知道的話，請再挖掘得更深入一點，你不會挖出任何將傷害你的東西，你會找到解脫的自在感。

7月 謙遜

找塊綠地，接觸大自然

這是真的，工作放鬆的方法之一，是盡可能享受戶外的大自然。若你是工作狂，一定花非常多的時間待在室內工作。

科學家說，戶外時間是恢復健康的門票。每天只須去公園或大自然待上二十分鐘，就能夠提升、維持你的精力水準，調整疲累的大腦。若這件事對你而言很難做到，你也可以從窗戶去看大自然——樹木、有水的地方、日落、動物或公園等等景象，這有助於降低你的心跳及呼吸速率，放鬆你的肌肉。

建議你，平日利用工作空檔，抽五分鐘去戶外走走。若天氣不好，那就去走樓梯。研究顯示，比起在繁忙的街上步行，去樹木繁茂的地方走走，更能提升工作效能。所以，去公園散個步吧，或是找個有大自然的地方吃午餐，工作休息時間去噴水池旁坐坐，或是到動物園走走。感受微風拂面，留意葉子與花朵的顏色及氣味，留心聽聽看大自然的聲音，例如：鳥兒啁啾聲、流水聲。

擁抱工作的不確定性

你和同事的工作，全都必然存在不確定性，你不知道你們公司何時會被出售，你的職務何時會被廢除，或是你何時會被別人取代。如果你跟一部分的人一樣，這種不確定性或許導致你拒絕放下工作好好去吃頓午餐，拒絕休年假，或是不敢請病假，害怕被視為懶惰的人，這些都進一步導致身心疾病。

面對工作的不確定性，你的最佳防禦方法是管理你的工作壓力，包括：強化自身實力，成為工作上不可或缺的人；生活不是只有工作，有能力照顧自己，保持健康、快樂；找到一些抒發的方法，例如：健身、園藝工作等等；該休息就休息，午餐時間好好用餐，該休假時就休假。接受工作的不確定性的祕訣在於，接受你本來就無法控制人生無常。

你覺得「工作充滿不確定性」聽起來違反直覺？是的。但是，仔細想想，工作上有許多層面不是你能夠完全掌控的，例如：預算刪減、可能裁員，甚至你對未來失業的擔心。研究顯示，不

7月 謙遜

能接受工作的不確定性對你的健康的傷害，更甚於失去工作造成的傷害。接受工作的不確定性，有助於減輕你的工作壓力，使你常保心平氣和，對所有境況盡力而為。

成為一棵巨大的橡樹

　　一顆橡實內含一棵巨大的橡樹，你也內含巨大的力量根源。你可以問問自己，你是否與那些根源連結？你感覺自己像顆橡實，抑或一棵巨大的橡樹？你必須認知及培養你的力量，使它成長壯大到有韌性耐得住你的強迫工作傾向，並且成功擺脫，從中復原。

　　這可不是指體力而已，我說的是有決心和意志力去執行工作，修練健康的工作習慣，在工作和家庭、朋友及自我照顧之間取得平衡。

　　當過度工作試圖把你連根拔起，使你感覺無力招架時，切記，你具備一切力量，能讓雙腳穩固站定，刺骨寒霜也無法觸及你的深根。運用你內在的所有力量，就像柔弱灌木往深處扎根，這樣你就能向上伸展，突破壓制你的強迫工作傾向。

WAIT

你可能太習慣馬不停蹄的生活,「等待」和你的運作速度相抵觸,你期望他人與情況配合你的匆忙步調。你是否經常在等待時玩手指、摳指甲,甚至不自覺拳頭握緊到關節發白?

我發展出一套方法,首字母縮略字為「WAIT」,當你在人龍中排隊、在等候室,或是班機延遲時,可以加以運用,採取主動行動,而非被動反應。

觀看(Watch):當你被等待的壓力引動時,觀看你的內心反應。

接受(Accept):接受壓力因子和你的內心反應,告訴它們你選擇等待。

邀請(Invite):邀請你的內心反應放鬆,用好奇心與仁慈安撫它們。

告訴(Tell):用內心低語告訴你的內心反應:「我們能夠應付這個。」

你可能總是非常不耐於等待,一碰上等待,你就心生沮喪,因為這阻礙你完成待辦事項。一旦你學會先做幾個深呼吸,運用WAIT這個方

7
月
謙
遜

法，它會遏止你的自然反應，防止大腦邊緣系統劫持你，讓你能夠正念覺察地放鬆。

為自己設置不工作區

　　不論你的行程多忙碌，你總是能夠抽出時間減壓一下。每天抽出一點時間和自己獨處、省思，工作壓力就不會顯得那麼令人吃不消，生活也不會顯得那麼難以應付和管理。留一個特別的空間讓自己放鬆一下，擺脫工作壓力及負面的東西，將使你更可能經常按下暫停鍵。

　　在家裡特別保留一處不允許你去想工作上的事的「度假小屋」，把這塊不工作區布置成能讓你安靜沉著的獨處之地，沒有電子裝置，沒有工作器具，沒有打擾，沒有行程表。憂慮、反芻及壓力的思想之流，禁止進入這個特別之地。

　　你可以讓某個房間變成你用來冥想、祈禱或沉思的地方，如果空間不夠，你可以找到一個最不受打擾的角落，擺放一些特別的紀念物及你喜愛的照片，讓你保持心情愉悅，擁有平靜的祥和感。否則在書房或臥室的一個角落，你也可以

戴上耳機，聽聽放鬆的音樂，這也可以成為你的「避靜地」。若你想做得更徹底，就到浴室做幾小時的spa，在浴缸四周擺放香氛蠟燭，播放輕音樂，在浴缸滴入精油或撒入玫瑰花瓣，放鬆泡個熱水澡。

如果你的另一半是工作狂

如果你的另一半是工作狂，是否常常為了工作犧牲你？這是工作狂的另一半常有的遭遇，你並不孤單。

婚姻失和、感情變淡、分居和離婚的念頭，這些更常發生在工作狂另一半的身上，他們離婚的可能性高出45％。工作狂的另一半因為身心被疏遠，往往感覺被忽視、被排拒、不被愛、不被重視。

你是否因為有個工作狂配偶而虛耗、擱置你的生活？若是，你可能助長了你的支配欲，但你或許不想成為這樣的人。許多配偶讓自己的生活圍繞著工作狂打轉，因為他們想要維持關係，想要表現對另一半的支持，這很自然，對吧？你不

能這樣對待工作狂。

如果你因為工作狂而讓一些生活計畫停擺，只會產生一次次的失望。若你的工作狂承諾回家吃晚餐，卻一次次食言，別再等了，準時開飯。別為你的工作狂做這樣的事：他／她身體不適上床後，還要他／她記得做某些事；他／她社交活動或家庭聚會遲到或缺席，別幫忙找藉口；也別幫忙做他／她分內的家務事。

謙卑地嘗試改掉你的缺點

工作狂互助會的第七步說：「我們謙卑地請求上帝除去我們的缺點」，這句話的關鍵字是「謙卑」，不謙卑，你就不會有成長需要的視野，你的復原旅程也不可能有進展。若你準備改掉你認知到的自身缺點，謙卑可以幫助你去除它們。

你有時可能相信你是如此特別，不需要遵守別人必須遵守的規定。在復原的過程中，你誠實省思你的自負已經如何接管你的工作及私人生活，你認知到，他人的錯誤就像汽車的前照燈，似乎比你本身的錯誤更顯眼。你不再指責他人的

錯誤，而是照亮自己的錯誤。你把自己和他人放在同一水平上，承認你也有相同的缺點。

　　你謙卑地矯正自己的不完美。當你像所有人那樣，謙卑地遵從相同標準時，你才會有真正的靈性成長。當你改掉你原本的缺點，同事、家人和朋友會以新的、更讚許的方式回應你。

7
月

謙
遜

今年我想這樣生活 #CHILL

7月重點

- 擺脫你的自負，使你能夠自由選擇放鬆你的靈魂。
- 提防你的自負傾向使你變成把事情複雜化的人，避免誇大的危機模式。
- 對所有事情練習展現謙遜。
- 學習WAIT，放慢腳步，放鬆看待生活中的曲球。
- 別用一直工作來逃避面對你內心害怕的東西。
- 設置一個可以讓你的心智安靜、放鬆的不工作區。
- 記得EGO代表「Ease Good Out」（把好事打發走），把你的工作生活和你的真我融合起來。

8月

承認傷害

有時候，你的最大障礙就在你的兩眼之間。
走出你的安適區，走出你自己的模式，
當你錯了，勇於承認。

今年我想這樣生活 #CHILL

以羅馬皇帝奧古斯都（Augustus）命名的8月（August），是一個完成的時間——完成事情、癒合昔日關係、展望更明晰的未來的時候。「august」這個字意指可敬的、高尚的、受人尊敬的人或事，為了達到這些特質，你必須打破你的安適區模式，對那些至今被你排拒的情況採取新行動。

你的「去做」（to do）的衝動，已經壓倒了你的「成為」（to be）的欲望，把你變成一個機器人，而不是人類。你的心智活在過去和未來，完全錯過了當下。你很難放鬆不做任何事情，你無法純粹享受現在。最後，你傷害了身邊的人，也傷害了自己。

為了做到可敬與高尚，鼓勵你在一年中的第八個月，列出一張被你傷害過的人的名單（包括你自己），並且願意作出修補。比方說，你怒罵辦公室助理忘記請聯邦快遞（FedEx）遞送一封重要信函；你在辦公室工作到很晚，錯過你兒子的鋼琴獨奏會；你責怪想與你共度一段時間的另一半，罵他／她打斷了你的思緒；你日夜工作，

對著老天揮拳，咒罵為何一天只有二十四小時。

本章帶你回顧你的生活，暫停埋首辦公，放下你的手機，花點時間深思，你傷害過誰，為什麼？你如何傷害他們？深思佛教徒所謂的「正思維」（Right Intention / Right Thought），你就會變得願意放棄你的痛苦導因——追求權力、生產力及物質，這些欲望導致你和自己與他人疏離、脫節。修補所有被你傷害過的人的意願，將會改變你的內在。你誠實面對自己的脆弱性，將會激發更強烈的仁慈，使你寬恕那些被你傷害過的人，也寬恕自己曾經傷害過他們。這樣，你就可以真正從容、自在。

在思考做本月的練習時，請特別留意你發現關於自己的哪些部分。你抗拒承認傷害嗎？你是否已經開始批判自己？一想到這個練習，就令你感到難過、受不了？若是的話，請試著用自我仁慈、不批判及寬恕去接受你的任何反應。

用心想一想，把被你傷害過的家人、朋友及同事（包括你自己）的名字列出來。馬不停蹄的生活對你的身心健康或他人的心理健康造成了

什麼傷害？或許，你的過度工作導致情感受到影響，是否有朋友或你心愛的人因為你的忽視，感覺被你排斥或拋棄？若是的話，現在該是時候把他們列入你的修補名單，準備對他們作出彌補了，也該是時候寬恕自己，卸下你背負已久的傷害擔子了。8月的這些正視脆弱性的行動，將讓你開始感覺自己更體面、更高尚、更值得尊敬。

正念放鬆，鬆開發條

對工作狂來說，很難做到無所事事，閒置時間使你感到焦慮、沒有生產力，你很想要快點找點事做、忙起來，逃避這種不愉快的感覺。但是，在躁動不安之際，做點不同的事，改變才會發生。

下列是一種正念放鬆的練習，做10～20分鐘，可以幫助你放鬆。在一個舒適的地方，安靜地坐著，閉上眼睛。從你的雙腳開始，漸漸向上延伸至臉部，深度放鬆你全部的肌肉。密切注意呼吸，輕鬆自然地從鼻子吸氣，從嘴巴吐氣。吐氣時，在心中默默對自己說：「放鬆。」過程中，

當出現轉移注意力的思緒時，請試著忽視，把注意力帶回來，重複吸氣、吐氣、放鬆。

做完後，繼續安靜地坐著幾分鐘，先保持眼睛閉著，然後慢慢睜開眼睛。別根據練習做得如何來批評自己，可能的話，每天練習這個正念放鬆一、兩次。

認清一天只有 24 小時

你有多常聽到這句話：「一天二十四小時，根本不夠用！」？你把時間繃緊，彷彿它是一條橡皮筋，這反映了你對過度工作的需求，以及你不能接受生命的自然安排。你試圖推動河流，不讓它自行流動——你試圖在平日多工作幾個小時。

當你把日子當成一天只有二十四小時來安排，學習在界限內安排工作、睡眠及玩樂時，你的生活就會變得更容易管理。研究顯示，重建工作與生活平衡的工作狂，能夠用 50 個小時的時間完成他們以往無法用 80 個小時完成的事務量。以自然的時間軸來生活，你的壓力將會減輕，但生產力不減，有更多時間達到平衡，以及靈性的省思。

別用言語傷己傷人

小時候，我們吟唱：「棍棒與石頭也許會打斷我的骨頭，但言語傷害不了我。」當然，這句話並不正確，言語具有很大的殺傷力，你的仇恨言論可能對他人和自己造成很大的傷害。反過來說，仁慈的言語、正面的肯定，以及情感上的支持，撫慰、癒合受傷心靈的功效勝過人類醫學。

你使用言語譴責，抑或鼓勵、療癒及支持？先從注意你對自己說的話做起。你的言語鼓舞你，抑或打擊你？在留意你如何對待自己和他人時，仁慈地問問自己，你需要做什麼，以改變你的言語。

看看另一面

學會去看負面情況的另一面，能夠讓你看到不少的好東西：美麗多於瑕疵，希望多於失望，福賜多於不幸。一旦你認知到，事情的發生總有道理，你就會開始接受它們的表象，並且知道福隨禍至。

你只是個人，總有遺忘、犯錯或說錯話的時

候，若你以仁慈對待自己，而不是譴責自己，你就會把錯誤轉化為從中學習的教訓。想想看，你可以如何從你的缺點的另一面去調整你的視角？總是試著鼓舞自己，而不是打擊自己。

運用你的其他認知

邏輯心智是個很棒的工具，思考、分析及預測的能力是職場成功的基石。但是，在復原的路上，光有理性心智並不夠，太多的邏輯就像往湯裡灑了太多鹽一樣，令人難以下嚥。

若你工作過度，你花很多時間用腦袋決策，但是生活中的一些難題，需要你檢視你的內心。處理感情及親密關係時，訴諸理性心智是行不通的。

運用一些直覺，可以為你的生活增添平衡。你會發現，你必須在你的邏輯心智和直覺——其他的認知——之間拿捏平衡。你大概聽過人們說：「我內心知道我做了對的事」，這就是一個「其他的認知」，它是你內心的智慧，有別於理性心智，需要你轉向內心作出重要的情感性質決策。你無法剖析你的其他認知，你無法用顯微鏡

8月 承認傷害

檢視，但它真實存在我們所有人的內心。

運用你的雙手

你的雙手是你的心智的僕人，是你的生活的雕塑師。花幾分鐘的時間看看你的雙手，想想它們有多偉大。想像你手裡拿著一把雕刻刀，站在一座巨大的黏土塊前，你可以自由運用各種方式雕塑你的生活。

你的雙手有力量去雕塑一個幸福人生，或是一個悲慘地獄。你有多少次把你的雕刻刀讓給削弱你的人或情況？對你的雙手行行好吧，再次看看它們，以及你面前的黏土塊，想想你握有雕塑生活的力量。當你手握著雕刻刀時，你的心智需要做什麼，才能使你的雙手創造出你真正想要的生活？減少工作？用更聰明的方式工作？多一點玩樂？把自己照顧得更好？修復脆弱的關係？休假？還有呢？

創造真空

生活中一些最美妙的時刻是意外出現的，

當你讓生活有足夠的空間讓它們進來時,它們就會自然出現。自然界不存在真空,當你的生活滿載,太忙碌狂亂、快速行進時,你的嚴格管控就封阻了神奇時刻。為了讓生活中的美妙神奇發生,你只需要開放,讓它們進來就行了。

為你的生活創造真空吧!你可以移除什麼,騰出空間幫助自己成長?一段舊關係?過時、不合宜的態度?累積已久的情緒?不良的工作習慣?雜亂的辦公桌?

你可以把你忽視的或緊抓住的什麼給清空,好讓你接收生活的奇蹟?你為自己創造一個愉快的空間放鬆嗎?一個能夠容納新的、更健康的態度、情緒及行動的地方?

別再霸道,一意孤行

你是否太堅持完成工作,在截止日期前交差,所以一意孤行,不管其他人的意見?你踐踏任何膽敢提出不同的做事、付款,甚至割草方法的人?你對同事、家人或朋友的觀點充耳不聞?

這種態度的問題是,你的方法未必是最佳

方法。或許，你認為你的方法就是最佳方法，你想把工作做對，所以你習慣掌控和支配，拒絕把工作委託他人，然後移向待辦清單上的下一個項目。一意孤行使你無法成為團隊合作者、不聽別人的看法，看不到你的主意可能跟另一個人一樣了無新意或不正確。

為了融合，你必須花時間參與和他人合作共事的流程，當個團隊成員。避免貿然投入於執行計畫，或是匆促地作出工作上的決策，在敲定之前，花時間徹底考慮事實。在調整工作過度的復原過程中，你學習參與腦力激盪，不是倉促地以自我為中心，專橫地一意孤行。

進入未知區

除了午餐，還有一項我們全都會帶到辦公桌上的東西：未知。你可能和多數人一樣，倚賴可預測性，或許你的生存就是仰仗它。你想知道事情將在何時、何處、如何發生，但你不會總是知道你是否能夠獲得加薪、晉升或好評。

你對未知所抱持的態度，可能把你推向成

功，或是破壞你的職涯發展。張開雙臂，擁抱未知，這是你的最佳行動方針，因為這是你可以倚賴的少數行徑之一。事情不會總是按照計畫走，意外事件總是攻其不備，你會經歷失望和拒絕，若你不能接受，就會一直與生活拔河，不是好好享受生活。

當你可以避免緊抓著確定性以緩衝跌落時，你就不會屈服於對未知的恐懼，你將會心平氣和，這將對你的工作品質有益。欣然放手接受未知，可以支持你度過許多工作和生活上的挑戰，使你從自我懷疑的洪流中解脫。

想想你生活中的未知，考慮豪爽迎接它們的風險。試著接受未來的未知，善用它們充分成長為你渴望成為的那種自在放鬆的人。

向不完美致敬

相反於你告訴自己的，多數人並不期望你是完美的人，你的錯誤觀點導致你做得太過頭，遠超出同事和組織的期望。有時候，你認為適當的努力，其實遠遠超出他人的期望。

今年我想這樣生活 #CHILL

該是停止自我虐待的時候了！問問自己，你能夠做什麼，更務實看待你的能力，訂定可以達到的目標？你的最佳表現不是「完美」，而是「盡力」。這樣就夠好了，最好也不過如此。

放下你的驕傲

當你的自負試圖保護你免於失敗、屈辱或做錯時，可能會散發出強烈的自大與傲慢。也許，你應徵亞馬遜被拒，但你隱瞞此事，卻向人人宣傳你應徵上了雅虎的工作。你難以承認你錯了，或是未能獲得你想要的，儘管你非常努力追求。

放下你的驕傲，誠實是顆難吞的苦藥丸。但是，放下驕傲，將使你在工作上及私人生活中更成功。當你能夠敞開心胸，接受展現真我的脆弱性，你就卸下了一副重擔。在親近的同事或心愛的人面前放下驕傲，好過因為你的愚蠢驕傲而失去他們。

你會犯錯，你會說出令你懊悔的話，你會傷害他人，這是無可避免的，但是別讓驕傲掩蓋你的錯誤。放下自負與驕傲，選擇謙遜與勇氣，將

使你在職場上成為一個更優秀的領導者,在家裡成為一個更可愛的家人。

思考灰色地帶

　　工作狂在面對工作與生活平衡這個課題時,最大的恐懼之一是他們必須減少工作時數、改變職務,或是辭去工作。他們說:「我有孩子要養,辭去工作,你要幫我付房貸嗎?」這句話隱藏的思維是:「工作或不工作,我沒有中間的選擇。」

　　這類陳述反映的是「全有」或「全無」的思維,無法想像「灰色地帶」——工作與休閒之間或工作與家庭之間的彈性平衡。這也反映了一種導致工作過度的恐懼心理:若你停止強迫性工作,你的人生就什麼都沒有了,你的世界將分崩離析。這些無稽的想法,可能導致你逃避復原,傾向為了安全穩定,更頑固地繼續過度工作。

　　事實是,能否達到平衡和工作時數或你的工作類別根本沒什麼關係,端看你能否以不同方式思考你的人生——你內心對於「存在」的意義與看法。若你不是只把人生局限在工作上,你就會

變得更留意於把工作與其他三個象限融合：你和心愛的人之間的關係、玩樂、自我照顧。關於工作與生活平衡的一個諷刺點是，工作與生活愈平衡，你的專業及私人生活的效率就愈高。

追求內心的快樂

在追求快樂方面，你可能把你所有的雞蛋放在「工作」這個籃子裡，認為工作上的成就、報酬及讚美將能為你帶來快樂。其實，快樂源於內心，你是否快樂，取決於你如何看待每天發生的事。若你能夠留心作出選擇，不論生命呈現給你什麼都坦然接受，自然就會快樂。

我們多數人的最大疑問之一是：該如何找到快樂？沒有人知道答案，因為答案因人而異。快樂不會某天自己突然走上前來，拍拍你的肩膀。這需要靠你本身有意識的行動，始於了解你的心智運作方式，不論生活條件如何，有意識地選擇快樂，而不是沉浸於難過與悲嘆。

索回餘暇

我們有相同的時間量,它是有限的,一週168個小時。把這個數字減去你每週的總活動時數,剩下的就是未分配於工作、睡眠或其他活動的時數。你如何分配這些剩餘時數,對你的餘暇作出最佳利用?

如同你在行程上安排和同事會面那樣,安排和自己約會,藉此索回你的餘暇。在你的行程中安排空檔,就是選擇把空閒時間列為優先項目之一,這讓你每週有一些時間留給自己,去做你想做的種種事情——放鬆、運動、紓壓、和心愛的人聊天、冥想、做瑜伽,或只是看日落。

思考你的工作的神聖性

你變成了你膜拜的神;若工作成癮是你的偶像,你變成了它。你可曾思考過,除了你本身對於不停地工作的需求之外,工作還對你造成了什麼其他影響?一旦你開始留意工作對你的靈性/助益的可能性,就會使你擺脫對日常例行事務的厭乏、無意義感。

8月 承認傷害

　　不論你是水電工、醫生或飛機機師，想想你的工作是否源於你這個人，是否和你展開的旅程有關？它是否神聖，令你振奮？思考你的工作事務的靈性／助益成分。現在，花幾分鐘的時間，從一個更高的目的，細想你的工作事務的重要性，然後思考你的工作對那些你服務的人帶來神聖影響的可能性。

偶爾狂放一下吧！

　　你上次瘋狂一下、好好放鬆，是什麼時候的事了？比方說，在臥室的鏡子前跳舞，在車上放聲大唱卡拉OK，或是在街上蹦蹦跳跳，對旁人視若無睹。一個月前？一年前？十年前？若是，為何已經這麼久了？是什麼使你不再獨自或和你心愛的人一起傻氣狂樂？

　　你在怕什麼？狂放一下、好好宣洩，是矯治工作過度的良藥。還在等什麼？來吧！停止對自己設限，瘋狂一下吧。放感情高歌一曲，在屋裡面跳舞，想到時在街上蹦跳一下，偶爾傻氣放鬆一下！

不屈不撓

職場有時很殘酷，充滿迅急的挑戰、恆常存在的負面與不利、辛辣的挫折。當絕望到來時，成功之鑰是毅力，你可以聚焦於阻礙，或是學會翻牆。

毅力是你作出的任何嘗試的成功基石，唯不屈不撓者得以生存。若你站起來拍拍身上塵土的次數比你跌倒的次數多，哪怕只是多一次，都能提高你達成工作目標的可能性。然後，你帶著信心、勇氣與沉著，抵達終點。

愛

一項長達75年的哈佛大學研究發現，就算你賺得你想要的財富，沒有愛的關係，你也快樂不起來。重點不在於你擁有的關係數量，重點在於一段優質關係的深度與脆弱性。

工作狂通常把親密關係擺在最低層級，這聽起來像你嗎？若是，或許你非常封閉，鮮少做情感交流，或是向他人展現你的脆弱。你不敢開心胸，給予愛和接收愛，還拿工作截止期限、工作

壓力、完成工作來當擋箭牌。這雖然保護你免於對親密關係的恐懼，但也把人們推開，把你自己禁錮於單獨監禁的孤獨裡。

你是否記得去選擇愛？下次當你考慮在辦公室工作到很晚，或是週六去辦公室工作，而不和朋友、孩子或另一半相處時，請考慮放鬆一下，作出更快樂、更健康的選擇。

慶祝好時光

記得凸顯你的人生路上值得歡慶的事。慶祝讓你有時間後退一步，提醒自己生命的意義。切記，一旦錯過了，那些特殊事件就永遠離開了。再回首，你會懊悔為了一場你現在根本想不起來內容的會議，錯過了你的孩子的第一場足球賽。

想想你通常用忙碌的工作去度過的重要節慶與週年紀念日。問問自己，是否值得投資時間好好享受它們，好讓你日後有這些回憶？什麼是最重要而必須記得的？你投入於工作的日子，抑或你和心愛的人共度的時光？

劃出界線

　　想要成功融合生活中的許多面向，所有人都需要劃出界線。界線可以維護你的安全與健康，維持你的個體性，幫助你建立健康的關係。界線清楚區分工作或私人時間，讓你限制工作時數，有時間留給別的事。界線讓你在已經過荷時，可以說「不」。

　　模糊的界線也可能有助於工作與生活平衡，但前提是，變得模糊的是工作界線。你劃出的界線取決於你的獨特生活型態，例如：有些人限制一天工作八小時，週末或假日不工作。至於週末也工作的人，必須自己找出其他日子和時間劃界線。工作與生活平衡的要訣是，知道何時該劃出界線，何時可以模糊界線。想想看，你可以如何劃出更好的界線？

擺脫束縛，自在生活

　　面臨混亂的挑戰、重大的失望、被拒的沮喪，若你能夠保持冷靜和信心，那該有多好？若你能把關於工作的所有思緒拋諸腦後，專注於當下，

8月　承認傷害

和自己、朋友及心愛的人相處，忘記工作壓力，充分體驗辦公室外的每一個時刻，那該有多好？

　　好消息！你可以藉著和真我連結，生活於當下，擺脫束縛，自由自在。想想看，當你不在辦公室時，你可以用什麼正念方法，讓自己擺脫那些把你束縛在辦公桌前的自我談話？

克制細細品味你的工作

　　你是否曾經納悶，為何一位從容的同事用一天的時間完成的工作量，多於一些工作狂用一週完成的工作量？品味型工作狂（Savoring Workaholics）慢吞吞、考慮多，挑剔講究，是徹頭徹尾的完美主義者，深怕成品永遠不夠好。他們對細節一絲不苟，從容的同事能用一小時完成的工作，他們要花上八小時。當一件工作近乎完成時，他們可能不經意延長工作，他們也難以有效地團隊合作。品味型工作狂在埋首於不停工作方面，拿了個A$^+$，但在時間管理和完成工作方面不及格。

　　你呢？你是否工作得愈來愈賣力，工作時間

卻愈來愈長？或者你工作得更聰明？問問自己，
你是否適當地把工作委託給他人，安排好優先順
序，知道何時把完成的計畫交差？你是否妥善管
理時間，使生產力和效率更高，並且勝任團隊工
作？你可以如何變得更聰明工作，讓你有更多下
班時間充分享受生活？

製作名單，檢查兩遍

　　工作過度導致你忽視家庭，遲鈍於他人的需
求，壓制你關心的人對你的愛，否定任何未達你
的高標準的人，鄙視那些做事或烤麵包的速度不
如你快或不按照你的方法的人。

　　首先，承認你以往的錯誤，以及你自以為是
的行為，但是別作出自我批判，也別承諾改變。
接著，遵循工作狂互助會的第八步：把被你的不
良工作習慣傷害過的所有人的名字列出來，並且
心生彌補他們的意願。在製作這份名單時，務必
寬恕自己用工作成癮來自我虐待。

今年我想這樣生活 #CHILL

8月重點

- 留意你如何選擇療癒的言語，而非傷害的言語。
- 放下你的驕傲，擁抱不完美。
- 學習用更高的目的去體驗你的工作，本著仁慈心與奉獻精神去執行你的工作。
- 把被你的工作過度傷害過的所有人的名字列出來，並且心生彌補他們的意願。
- 和你心愛的人、一起生活的人及一起工作的人共同慶祝特別事件，考慮他們的感覺及意見。
- 翻越障礙，不屈不撓，跌倒七次，站起來八次。
- 鼓起勇氣進入未知區，偶爾瘋狂一下，放鬆體驗生活。

9月

道歉與寬恕

原諒他人的錯，很容易；原諒自己的錯，
需要更多的膽量與勇氣。

——潔瑟敏‧韋斯特（Jessamyn West），
美國短篇小說家

September（9月）這個字源於拉丁文字根「*septem*」，意指「七」。在羅馬王國實行的羅馬曆中，September 是一年的第七個月，後來加入 January 及 February 後，September 就變成了第九個月，但仍然保留「七」的原意。

有人信誓旦旦地說，「七」是最幸運的數字，畢竟一週有七天，彩虹有七種顏色，音階上有七個音符，還有所謂的「七海」、「七大洲」。此外，猶太教燈臺有七個分支，白雪公主有七個小矮人。既然 September 意指「七」，這或許是你的幸運降臨的月份，但有點諷刺，因為一年的第九個月對應的是最艱難、最可怕、最令人驚慌的挑戰。你把油門踩到底，彌補失去的時間，對那些被你的工作過度傷害過的人道歉，請求寬恕，也寬恕自己。從放鬆因子來說，這個月你修補過去的傷害，努力讓以往的過錯一筆勾銷，好讓你能重新開始，邁向更佳的工作與生活平衡。

你曾經因為傷害某人而心懷懊悔，但是啥也沒做嗎？我想，多數人可能都會回答：「對。」我幾乎可以看到你一臉猶疑，一想到懺悔、寬

恕、修補就忐忑不安。我知道，但是，相比於不採取這些行動的潛在風險，作出這些努力還是很值得的。內心的懊悔會一直占據你日常活動的中心，消耗你的精力，使你往負面方向聚焦。提供與接受寬恕，可以把你從過往解救出來。作出修補之後，你將卸下以往罪過的負擔，取而代之的是深層寧靜與內在祥和。

在本章，你可以思考你需要做什麼，用「正業」（Right Action）來清理你的生活。「正業」是佛教的八正道之一，指的是合乎道德的行為，不傷害他人，改正你的過錯，培養自身的圓滿。你的個人史中有什麼需要療癒的創傷？你可以採取什麼行動修補傷害？你需要向誰說：「對不起」，道歉，或作出修補？你需要為你過去的哪些惱人行為、背後毀謗他人的行徑，或是忽視心愛的人對你的需要，請求寬恕，以期卸下羞愧、憂慮或內疚？

你無法回溯你人生中曾經傷害過的每一個人，為了向那些你無法作出修補的人致意，你可以考慮未來作出情感上的冒險，挑戰自己採取你

通常不會採取的行動，儘管這麼做可能使你感到害怕，但請勇於冒險，享受自我完滿與自我成長的回饋。能夠盡最大努力，以慈愛、同情及寬恕去面對以往的愧疚，但是不批判那些過錯很可惡或差勁，這種能力是平衡的基石。

若你願意去尋找恐懼中的機會，而不是聚焦於作出修補的機會中的恐懼，你也許會有很大的收穫。9月可以成為你的一個大放鬆月份，成為你最幸運的一個月。現在，該是時候自問，你是否願意作出情感上的冒險、擲出骰子，不然你如何知道你的猶豫不決之外，可能存在著什麼奇蹟、驚奇及喜樂呢？

為你的園子除草

你是否把重要關係當成像是事後才想到的東西、昨日的剩菜剩飯，或是一雙為了舒適而穿上的舊鞋？你的關係讓你感覺像是強迫性過度工作了一天之後的另一項工作？

把你的重要關係想成一座被施了魔法的園子，有美麗的花朵、薔薇叢、成熟的果樹與蔬

菜。欣欣向榮的園子需要在整個成長季節經常灌溉與照顧，問問自己，你的園子欣欣向榮嗎？抑或因為疏於照料，枯葉繁多、了無生氣？就像園子需要定期照料才能常保綠意盎然——除草、澆水、充足日照、施肥，關係也需要關注、支持、慈愛、交心談話、鼓勵及寬恕。溫暖、用心的互動，可以彌補關係中自然發生的種種疏忽——要求、逃避、緊張、指責、失望或批評。問問自己，你是否每天照料你的關係？撥出時間為你的園子除草，你投入的血汗與淚水，將會獲得豐厚的回報。

當心平衡盜賊

　　當心，平衡盜賊無所不在，入侵你的生活，創造工作成癮，消耗你，使你的工作效率降低。你常常工作到凌晨，只是為了完成更多事，甚至還把工作帶回家，甘願被電子裝置綁架，讓公司24/7都能找到你？這種生活方式使你總是保持在紅色警戒，腎上腺素及可體松恆常滿載，導致身心疲勞，結果變成一個更不滿、效能更差的工作者。

就算你不是工作狂，可能也有很難做到工作與生活平衡的苦惱。一群加拿大及美國的研究人員發現，近半數的美國工作者把工作帶回家，其中許多人表示，工作干擾了他們生活中的家庭、社交及休閒層面。

花幾分鐘想想已經入侵你的生活的一些平衡盜賊，列出清單，了解它們造成的損害。然後，在每一項旁邊，寫出一些驗證有效的劃界線方法，勾選應用你能夠改善工作與生活平衡的做法。

展現同理心

想像你和一個特別的人，在一家昂貴餐廳共進晚餐。你期待這是一頓安靜的燭光晚餐，在輕柔樂聲中兩人親密交談，但是你這桌的服務人員沒耐心又草率，試問，你有何感覺？多數人會說，大概會生氣吧。可是，坐在另一桌的一位朋友走過來告訴你，那位服務人員的兒子車禍身亡，她是個單親媽媽，必須工作養家。現在，你有何感覺？多數人會說，覺得很難過，感到同情。

怎麼回事？你的情緒為何會從上一秒的憤

怒，**轉變**為下一秒的同情？這個服務人員還是同一人，但是你的視角變了，你能想見服務人員內心的煎熬和痛苦。若沒有你那位朋友提供的資訊，你可能還是感到惱怒。

我們不可能總是知道別人內心深處的煎熬，但是我們可以想像，多數人在多數時候內心都有不同的煎熬。同理心使我們能夠站在別人的立場，感受他們遭遇到的悲哀或痛苦。當我們讓寬宏仁慈之心引導行為，而不是讓評斷左右我們的行為時，就會自然願意相信他人是善意、無辜的。

學會不去聽反對的聲音

有多少人因為腦海中的反對聲音而放棄？或者，有多少人因為聽信其他的反對者而放棄？若你也是兩者其一，該是訴諸你的自信的時候了。

當你把注意力全副聚焦於反對訊息時，你就與成功隔絕了。不論你是在追求工作與生活平衡、只是需要放鬆一下，或是職場上的合理目標，負面聲音都會阻礙你達成目標。別讓你的希望與夢想屈服於反對觀點的黯淡限制，你的命運

操之在己，不是操之於他人的負面意見，或是你腦海中的負面聲音。

全心全意地生活

全心全意地生活，並非指完美，它指的是儘管不完美，仍然盡你的全力。它指的是容許自己脆弱，有時害怕，但同時知道你是勇敢的。下列八個「C」開頭的字，是全心全意地生活的要訣。

勇氣（courage）：有勇氣在不知道後果之下，讓不確定的情況發生。

仁慈（compassion）：不論什麼境況，仁慈對待自己與他人。

連結（connectedness）：與他人連結，包括：同事、心愛的人，以及你自己。

明晰（clarity）：這能給你方向，致力於工作與生活平衡。

冷靜（calmness）：自在處世，別去憂慮過去和未來。

好奇（curiosity）：用好奇心去看待、探索，但別批判你自己或同事。

信心（confidence）：對你的行動有信心，別被過往的傷害或對未來的恐懼影響你的信心。

創造力（creativity）：有創造力及能力去隨著點子與想法流動，感受不受束縛的快樂爆發。

在這八個C中，你可以更加注意哪些，使你全心全意地生活？若你發現自己在批判一項錯誤或失敗，請用其中一個C取代自我批判，留意你內心的變化。

不需要那麼急，也能好好完成工作

你可能認為，每件事都必須今日事今日畢，若這是你的習慣和常態，那根本是不可能達到的目標。對你來說，完成工作可能比成果的品質還重要。客觀看看你的待辦清單，你就能夠明顯看出你給自己多少不切實際的期望。你會發現，實際上必須立刻完成的事項並不多，但錯誤的觀念導致你一直維持高速運轉，趕著在你給自己設定的截止期限之前完工。

許多重要事情都需要時間，你不能揠苗助長，它們有一定的時序，就像四季循序漸進。大

峽谷是歷經萬年形成的。提醒自己，重要事情需要時間，讓自然節奏不受干擾地決定工作事項必須何時完成。學會適時放慢你的腳步，解除你的急迫感。

自我安慰

你不會把你對自己說話的方式，用在你心愛的人或同事身上，例如：「控制好自己的情緒！」，或「停止自憐！」。嚴厲的言語造成的壓力，可能遠勝於外在壓力因子本身。

文字語言有強大的影響力。自我安慰能夠幫助你應付失去工作、工作延誤，或是未被晉升之類的重大失望。鼓勵性的自我談話與肯定，能夠幫助你應付應徵工作、演講，或是競爭一項工作計畫之類的高壓情況。

當你沮喪消沉時，你用自我談話鞭撻自己嗎？別這麼做，改為仁慈、鼓勵的自我談話。當你開始用對待他人的慈愛與體貼來對待自己時，你的信心、復原力及幸福感都會大增。仁慈是聾人聽得見、盲人看得到的語言。適時從內心安慰

自己，你會獲得更多來自外界的支持，享有更多的放鬆時刻。

三思而後行

　　有些積極進取者倉促作出決定，或者總是設法尋求快速解方，因為急著盡量完成更多的事。你是否像熱鍋裡的玉米粒，一加熱就開始蹦跳開花？你是否在蒐集到所有事實、諮詢各方意見之前，就急著推出計畫？你是否低估一件工作需要花費的時間，急著完成？若你刻意繞過研究與深謀遠慮，沒有三思而後行，你可能會犯下許多原本可以避免的錯誤，花更多時間收拾善後。

　　多一點事前考慮，能夠免除你一路上的麻煩。深謀遠慮幫助你訂定目標，思考如何達成目標。若你不知道自己朝往何處，如何知道最終將抵達何處？用心準備為你照亮一條更快的直徑，避免你陷於笨拙掙扎，長期而言，讓你有更多的放鬆時間。

　　事前考慮，有助於你日後活在當下。你可以只為今天而活，但仍為明日作出規劃。想想你過

去如何善用深謀遠慮。接著,思考你是否用心地在事前三思,訂定目標、作出規劃。

微笑

這聽起來可能太簡單而不真實,但科學佐證,藉由改變你的臉部表情,可以改變你的心情。當你皺眉時,你感覺不悅,這不只是因為這個表情反應了你的感覺,表情也會影響你的感覺。

同理適用於微笑,微笑使你感覺更快樂,就算是裝出來的微笑,也能夠提振你的心情、減輕壓力。再者,當你露出微笑時,同事和家人將以更悅人的方式回應你。研究顯示,臉部表情觸動特定的神經傳導物質——腦部的化學信使,進而影響你的情緒。當人們的皺眉功能喪失或暫停時,例如:注射肉毒桿菌後,他們比那些能皺眉的人更快樂。

所以,下次當你心情不好時,記得皺眉會讓你的心情變得更差。換上快樂的臉孔,露出微笑,可以幫助你開啟好心情的一天。就算一開始你必須裝出微笑,這也有助於減輕你的緊張壓

力、提振心情，對你的同事產生正面影響。

曇花一現

深思一下，你就會領悟，任何人事物都不是永久的。你擁有的所有物質，最終都會磨損、腐壞、破碎或衰退，你也終究會死。思考人間的短暫性，能夠幫助你更正念思考你想如何度過今天，什麼是重要而必須完成的？你想和誰共度時間？你想如何運用時間？

思考這些問題將提醒你，誰也拿不準明天會發生什麼事，凸顯充分活在每一刻珍貴當下的重要性。或許，這能夠幫助你好好欣賞眼前的人事物，別再像以往那樣，讓匆忙與苦惱導致你的忽視。

想想看，當你趕著完成議程上的下一個項目時，你忽視了什麼，或是把什麼視為理所當然？然後，深思若你把今天當成彷彿你在人世的最後一天，非常珍惜地活過這一天，會是什麼模樣？

計算壓力指數

使你精疲力竭的，不是壓力本身，而是你

對壓力的反應。當你不停地對壓力因子作出反應時，你就一直在逼身體釋放過高的可體松和腎上腺素，這對身心有害。

學習調節壓力，了解你身上的壓力如何變化，方法之一就是衡量壓力指數。用0到10來衡量你感覺到的壓力，0代表你完全感受不到壓力，10代表你感覺壓力大到快爆炸了。

結束一場有點壓力的簡報說明會後，你的壓力指數可能是3（0~3無壓力）。但上個月，你去面試一項重要工作時，壓力指數是7或8。當你發現，你的壓力指數是介於適中（4~7）到高（8~10）時，請把你的工具箱準備好，用簡單的壓力管理方法來降低你的壓力，你可以深呼吸、冥想、運動或做做瑜伽。比較你對不同情況的反應，看看你能否辨識出哪些壓力因子最容易引發你的壓力。

遵循自我照顧的十誡

遵循我建議的自我照顧的十誡，或許可以顯著改善你的平衡。閱讀下列十誡時，想想看，哪

些是你已經在做的，哪些是你必須開始的？

1. 你應當經常運動，吃得健康，有充足的休息與睡眠。

2. 你應當鼓起勇氣歡笑，把你四分之一的時間拿來玩樂。

3. 你應當在工作上、家裡及玩樂中展現正念，專注於當下。

4. 你應當以高度尊重及仁慈對待自己。

5. 你應當加深與你心愛的人、你的朋友和你自己的連結。

6. 你應當在你的日常職務角色之外，擴展你的興趣與才能。

7. 你應當時時刻刻保持正面積極、有信心的處世態度。

8. 你應當培養更多的好奇心，而不是批判你的工作成癮的根源。

9. 你應當練習正念冥想、保持思考的習慣，經常致力於內心的平靜與明晰。

10. 你應當戒除過度工作，致力於生活中所有事務的平衡。

停止屎尿風暴

我們當中有許多人生長於經常發生衝突的家庭，於是我們覺得混亂是常態，對危險與刺激上了癮。我們被高壓工作吸引，在工作場所創造危機，藉由過度工作來撲滅自己點燃的火，以此獲得腎上腺素分泌激增帶來的快感。

你的生活是一場又一場的屎尿風暴嗎？若是，你或許把生活排得太滿了，以至於沒有留下空間給生命中的隨機事件。你安排過多的行程，同時做太多的事，訂定不切實際的截止期限，拒絕在合理時間收工下班。有時候，你難以看見你泅水其中的苦海，無法看出你如何為自己創造了艱難與痛苦。你的世界看似分崩離析、混亂不堪，並不意味你也必須如此。若你試圖在沒有深刻內省與客觀視角下運作你的生活，你的生活很容易會變得無法管理。

請你不帶任何批判，開始注意你對混亂的上癮。問問自己：「我從這一齣獲得了什麼？」，思考你的答案——慰藉？成功？掌控？重要性？發現根源後，請試著尋求更有建設性的途徑去緩

衝意外事件，避免把自己搞得精疲力盡，好讓你
更能夠在工作及個人生活中獲得滿足。

減少夙怨

夙怨猶如毒藥，當你頑固地持續對抗他人，
你就關閉了心靈中的陰暗角落，不讓自己有機會
獲得療癒。當你講述那些充滿指責、憤怒，以及
他人如何對你不公的故事時，你用這些故事填滿
了那些陰暗角落。心懷夙怨會逐漸侵蝕你，直到
可體松與腎上腺素吞噬你。

定期勘查你的內在情緒景觀。你和多少人長
期不睦？你甚至和你自己長期不睦？因為你總是
覺得自己做得不夠好。你和孩子長期不親密，只
因為他們沒能達到你的標準？你和某個同事長期
不睦，因為你認為他沒有把事情做對？這些夙怨
有多重要？有什麼你緊緊抓住的毒害感覺，是你
必須設法消除的？

思考如何化解夙怨，停止餵養你心靈中的陰
暗角落。考慮把夙怨轉換成愛與寬恕，移除你的
復原之路上的障礙。

你的存在本身就有價值

許多過度成就者認為權利是靠自己爭取的，在你創造出價值之前，基本上你沒有價值。羞恥心及自我憎惡，不允許你只做「平均水準」的工作量。為了符合「有價值」這項資格，你必須努力付出，做得比一般人還多。你把自己變成一個機器人、不是人類，你認為你工作、產出得愈多，就會變得愈好，因為你覺得自己更有價值。

然而，在你出生的那一天，就已經贏得了你的存在價值。你不需要致力於超越他人的作為，才具有存在價值。你可以繼續選擇在不切實際的標準下，奴役你的人生，抑或聚焦於尊重自己，只因為你就是你。

請花幾分鐘省思這個觀念：存在價值是你與生俱來的權利。思考若你天天秉持這樣的信念，你的工作習慣應該是什麼模樣？

別變成一片溼落葉

日本太太用「濕落葉」（濡れ落ち葉）這個貶抑詞，來稱呼她們已經退休的工作狂丈夫。他

們退休之後，不知道要做什麼，整天在家裡閒混，期望太太安排規劃他們的時間。

許多美國人也說，他們的工作狂另一半在停工期，例如休假、節日或退休後，似乎變得迷惘無助。在日夜工作那麼多年後，你開始覺得自己像家裡的邊緣人，因為你早已養成不管家事、不參加家庭出遊活動的習慣，把自己邊緣化了。若你這種不參與的行為存在太久，很可能已經變得太遲、難以挽救，你的家人已經鞏固了內部聯盟、發展出一些慣例，由於你已經缺席多年，心愛的人斷然拒絕你試圖積極參與。你在家中「被免職」，使你回頭去找你的老朋友——工作。於是，惡性循環持續下去。

仔細思考你可以在家裡採取什麼行動，使你不致變成一片濕落葉。

別被苦難困住

工作狂的正字標記之一是掌控欲，當你堅持一切都要符合你的要求和期望時，你就是在為自己製造痛苦。一名乘客在北卡羅萊納州夏洛特國

今年我想這樣生活 #CHILL

際機場（Charlotte International Airport）錯過轉接班機，對航空公司大發脾氣。後來，航空公司機場人員告訴他，他錯過的那班機發生空難，機上無人生還。不用說，這位乘客感恩得跪了下來。

對確定性的依附與執著，導致你難過、痛苦，但你不需要就此被困住，擺脫痛苦的途徑是走出你的困境。當事情不順遂時，你可以不作出反應，純粹用好奇心去觀察你的意志想要如何作出反應。提醒自己，你的見解是基於你的「有限知識」，但很多事情發生其實超出你的理解，生活其實可以把你帶到你從未想像過的滿足高度。

思考如何擴展你的視野，找到超出你的預期的更多空間。若你能夠經常多做這個練習，將會有助於減輕你的痛苦和難過，享受你本該擁有的生活，不是盲目追逐你計畫擁有的生活。

決定你自己的心情

為組織工作的人，在雇主的期望下勞心勞力。歷經時日，身為員工的你，可能會感到乏味、沮喪或心生不滿。你平日的心情與目標如何呢？

　　研究顯示，早晨的心情會持續一整天，當你準備展開一天的生活時，記得可以把你的工作個人化，使你在工作過程中感覺更有活力。舉例來說，主管要你每天打電話或登門拜訪陌生開發一定數量的潛在客戶，你可以在努力達成目標的同時，增加一項個人目標，例如：在你遇到的每個客戶身上，找一件正面的事。

　　圍繞著信心、冷靜及正面之類的主題，訂定你可以達成的個人目標，把個人目標織入你對公司要求的反應裡。把你的個人目標列為一項優先要務，使它們不致迷失於你的工作事項堆裡。記得整天要不時回頭聚焦於你的個人目標，確保你有足夠動力持續追求目標。一天結束時，縱使你未能達成公司的目標，仍然可以享受達成你自己設定的目標的滿足感。

善用你的創造本能

　　為了在工作上發揮你的創造本能，你需要開放的心態，讓你去考慮無限的可能性，在框外思考。你的內心批評存在你的理性心智中，創造本

9月 道歉與寬恕

能使你甩脫理性心智的束縛，讓你沉浸於另一種直覺智慧裡。這種智慧幫助你從一個全然不同的地方，以全然不同的方式，作出有益、有成效的決定。

創造力與頭腦清晰，以及冒險放手的勇氣，共同攜手合作。創造力促進我們與生活中的潮起潮落同步，這是一種創造性的和諧，呈現出來的是鼎盛時刻、合而為一及強烈的充分活力感。當你發揮你的創造本能時，你不是試圖推進河流，你順流於當下。

你可曾想過如果每個工作日都很有趣、令人沉浸其中、充滿創造力，會是什麼模樣？思考你可以採取什麼正念行動，更充分參與創造的過程？然後，思考你可以在何時、何處實行這些新想法。

好好照顧自己

有時候，你可能把你自己的需要擺在清單的最底部，以便照顧他人。你甚至可能把全副心力擺在令你同情、需要幫助的朋友，或是你心愛

的人和同事身上。救援，使你聚焦於別人，而不是聚焦於自己。也許，你去聽一場演講，但你沒有為了自己專心吸收其中的建議，反而心想：「喔！我的另一半或朋友剛好需要這個。」

我們被教誨自我犧牲是一種美德，把自己放在最後，是性格強項的展現。說實話，若你想要幫助他人，你首先應該照顧好自己。當你犧牲自己的福祉（營養、休息和運動），你變得壓力過大、精疲力盡，這限制了你能夠給予你的工作、你心愛的人和朋友的精力。當你已經過度負荷，最重要的是自我照顧──做一些你有興趣、能夠為你補充活力的事。

若同事請你做你不想做的事，你應該勇於拒絕。當朋友利用你的善良敦厚占你便宜時，你應該坦率說出來。你已經不知道多少次幫助你在乎的人解決麻煩、脫離困境，這次你不想幫了，那就勇敢拒絕。有時候，照顧自己的最好方法，就是劃出界線保護自己。懂得自我照顧，使你能夠以良好的身心狀態，給別人更多的愛和關懷。把自己擺在第一優先，先照顧好自己，才能有更健

康、充實的你可以分配給他人。

請求寬恕

　　往昔的錯誤，永遠無法完全抹除，但可以修補。工作狂互助會第九步的目的是補償與和解，你主動採取行動，對那些被你的過度工作傷害的人直接道歉，試圖修補關係。這一步可以幫助你解脫愧疚的枷鎖，獲得內心的平靜。在作出道歉、試圖修補時，你以謙卑及真誠的渴望去請求寬恕，而不是出於罪惡感或道義。在試圖修補的過程中，你會突然發現，你內在的那個小孩已經長大了，你是一個更成熟、更負責任的大人了。你已經恢復你的自我尊重，以及你對他人的尊重。

　　學會寬恕，這是成功復原的一項真正衡量指標。很重要的一點是，別忘了把寬恕延伸至自身，原諒你對自己的傷害。只要你能夠寬恕，你就永遠都不會被擊垮。想想看，你的過度工作曾經傷害了誰，你需要對誰作出修補？然後，表示你的歉意、盡力修補（除非這樣做會傷害到他們），再把相同的寬恕延伸到自己身上。

9月重點

- 當心平衡盜賊，別讓它們入侵你的生活。
- 用八個「C」來追求自我完滿，全心全意地生活。
- 別用不合理的截止期限給自己過多的壓力。
- 用微笑開啟你一天的生活，就算必須裝出笑容，
  也盡量試著這麼做。換上微笑的臉孔，你就會開
  始覺得這是真的。
- 認知到人間的短暫性，學會活在當下。
- 遵循自我照顧的十誡，致力於融合、改善平衡。
- 積極參與家庭活動，別淪為邊緣人。
- 向你傷害過的人道歉，請求寬恕，也寬恕傷害你
  的人。

9月 道歉與寬恕

10月

持續下去，建立新常態

若一碰到痛苦的最外緣，我們就逃跑的話，
就永遠都不知道在那道障礙、那堵牆或
那個可怕的東西背後有什麼了。

——佩瑪・丘卓（Pema Chödrön），
藏傳佛教金剛乘阿尼

10月（October），彩色落葉處處，橘色南瓜點綴大地，白晝開始漸短，空氣中已有涼意，相應著你如今已在內心培養出來的從容。你用慕尼黑啤酒節或萬聖節慶祝變化的季節，這個月的主題是維持你已經發展出來、用來處理你的舊模式的新常態。

你的同事在合理時間下班，休假和家人出遊，積極參與孩子的學校活動，但是生產力和成就絲毫不亞於你。到底是哪裡出了問題？到了此刻，你已經知道是你的心智捉弄你，用你以往不察的方式扭曲你的思維。

在本章，你致力於持續使用那些你已經用來改善生活平衡的正念方法。你願意持續放下負面、消極、掌控、憤怒，以及過去導致你的生活一團混亂的所有其他習慣。你持續反省自己，犯錯時能夠立即承認，決心不讓以往的工作成癮習慣死灰復燃。

你認知到，你不再有責任把全世界的重擔往肩上扛。或許，你不再那麼在意結果，你克盡全力，接受結果。憂慮、控制及不耐煩，已經變

成以往的負擔。你持續提醒自己，你可以改變哪些方面、你無法改變他人的哪些方面。你不讓時間急迫的小災難，輕易打擊你已經建立的沉著冷靜。你懂得放慢步調，冷卻你狂亂的工作習慣，繼續練習冥想和正念飲食，以平靜你的心智。

你以往的許多疑問仍然存在，但是你改採不同的心態。那些大佬會不會否決我提出的構想？我能在截止日期前交差嗎？我能夠準時回家吃晚飯嗎？當發生糟糕的事情時，你不再批判，改以好奇心思考：「我可以如何用不同的方式看待這次的困難，讓情況變成對我有利？」或許，你心想：「主管對我好像沒什麼信心」，但你又轉念一想：「或許是此時此刻的我不相信自己吧。」

你開始學會打住你的負面想法，不驟下結論。你不再一開始就直接往前衝刺、狼吞虎嚥吃東西，或是為了趕工跳過吃飯。你克制自己，別對前面那個慢吞吞的用路人比中指，別罵某個同事懶散敷衍。你以前很容易把小事放大，用緊張、沮喪或不耐煩浸透你的神經系統，如今這些習慣已經成為遙遠的記憶。

10月 持續下去，建立新常態

　　你甚至可能沒有察覺到，你的觀點和你持續行動的新常態，已經逐漸改變了你的頭腦結構，變成更自然、更健康的型態，幫助你更自然放鬆，擁有更好的融合。

用冥想來放慢你的步調

　　正念冥想幫助平靜心智，具有以往醫療界仰賴藥物達成的功效：放慢心跳速率及腦波型態，增進免疫系統功能。下列專注於當下的冥想，能夠幫助你更加注意你的身心靈的需求。

　　想像你以緩慢的節奏經歷一天中的每個時刻，從起床開始，慢慢帶領自己經歷日常。你看到自己在淋浴、吃早餐，放慢速度開車。你專注於當下，一次做一件事情。觀看這天的事務展開，放下任何想要加快速度的衝動。留意當你專注於當下，沉著、放鬆的感覺。在密切注意你的身體時，留意它有哪些需求還未獲得滿足。你的心智需要什麼？想像你逐一滿足這些需求。需要時，就做這個練習。

先改變自己

工作狂有不健康的心理需求：需要掌控他人與情況，你現在對這件事應該很熟悉了。所以，你熱愛工作，因為你可以掌控——至少你愚弄自己，認為你可以掌控。

說實話，改變自己已經夠難了，更別提改變他人。你不妨把這想成一條街的兩邊，除了你的想法、感覺，以及你採取的行動，別無多少你能夠改變的東西。你愈聚焦於保持你這邊街道的整潔，你的生活就變得愈可管理。

留意你多常試圖以大大小小的方式去改變他人。細想之後，你可能會驚訝發現，你經常把這種控制欲施加於同事、朋友和家人身上。這些行為往往徒勞無益，導致緊張壓力，在你的日常工作之外，徒增另一層的「工作」而已。問問自己，你的什麼抗拒行為創造了不必要的壓力？你需要對哪些你無法改變的東西鬆手，好讓你的生活擁有更多平靜？

向幫助你的人致謝

少有人可以對自己的成就完全居功，不過多數時候，我們並未對那些幫助過我們的人致謝。你可能有一群心愛的人、朋友及同事幫助你達到你現在的成就，有些幫助很明顯，有些幫助沒那麼明顯。或許，你的另一半或一個朋友處理了家庭出遊活動的安排，或是財務責任，站在背後，在你日夜忙於工作時支持你。或許，父母或鄰居伸出援手。或許，你夠幸運，能夠雇用外面的幫手，讓你的私人生活得以運轉。

向幫助你的人致謝的方法很多，例如：一個溫暖的動作、一頓特別的晚餐，或是撥出時間交心談話。簡單如一張手寫的卡片，也能夠表達你的感謝。想想看，一路走來，你受到誰的幫助？你如何感謝他們的支持？未來，你打算如何向幫助你的人致謝？

自信表達，但不咄咄逼人

在工作場所，利益衝突與歧見是很自然的事，但你可以用不敵對的方式解決歧見。畢竟，

你的目的是向同事及客戶推銷你的想法，不是壓制、批評或指責。

不過，在工作上，有時你必須勇於和某人對立。此時，最好的方法是自信表達你的立場，而非咄咄逼人或消極這兩個極端。當個積極的傾聽者，專心聆聽同事的觀點和意見，對於和你的見解相左的意見抱持開放的態度。別擺出防禦心態，大方展現溫和、體貼和尊重，但堅定、清楚地陳述你的觀點。

你認為你現在的做法符合這樣的中道嗎？你可以改變哪些地方？

大石擺中間，小石繞周邊

若你先把小石子放入瓶中，瓶裡面不會有多少空間可供後來放進大石子。若你先放進大石子，那就可以在它們周邊裝入許多的小石子。有些事情比其他事情更重要，若你考慮什麼是最重要的，就比較可能成功做到工作與生活平衡。留意你的生活哪些層面是重要的，訂定明確、務實的優先順序，圍繞著你愛的人來安排你的優先順

序，而不是讓你愛的人來圍繞著你的工作。

你的大石子是什麼？你的生活圍繞著什麼運作？

卸下你的防備心

所有人都一樣，有時會展現防備心或性急易怒，這是人的天性。所以，當你感覺自己如此時，不代表你是個糟糕的人。有人令你惱怒或難過，你很自然豎立一道牆，這是你的神經系統的上乘設計。

你需要防禦來抵抗生存威脅，就如同你需要肋腔來保護你的重要器官。事實上，很少人經常遭遇真正的生存威脅，但是當你的另一半離開、你沒有獲得晉升，或是你的小孩在學校裡有麻煩時，你的防禦反應彷彿你受到了致命攻擊。

想像你變得留意卸下你的心防，讓自己開放於新的體驗。試試自問：「我到底在防備什麼呢？」，以及「若我卸下防禦，敞開心胸面對生活。那麼，每一時每一刻，會是什麼模樣？」

想想看，若你無拘無束、放鬆自在，無畏於

展開每一天的生活，你的世界會是什麼模樣？

對工作以外的請求多說「好」

你不經意說「不」的次數，可能比說「好」的次數還多，尤其對那些可能干擾你的工作的請求。歷經時日，一千個「不」累積起來，創造出一個封閉的生活。一些「好」累積起來，可能為你開啟一整個宇宙改變你的生活體驗。

找一天嘗試一下這個小實驗：注意你對多少的請求、機會、邀請或詢問說「不」，可能是一場派對的邀請，可能是同事邀請你下班後一起喝一杯，可能是朋友邀請你共進晚餐，或是出席家庭團聚。

每次說「不」之後，在你的手機登記一下，把你為了工作而拒絕的請求或邀請次數加總起來。看看有多少個「不」可能是成長的新機會，或是結交新朋友的機會？有多少次因為你太緊抓著你認為應該過的生活，導致你錯過原本該有的生活？也許，你的阻擋是你原本可以避免的痛苦。

10月 持續下去，建立新常態

善用工作，別濫用工作

　　每週工作超過四、五十個小時，在辦公桌上吃午餐、不午休，在週末、節慶假日和休假時仍然和辦公室保持聯絡，一離開辦公室就感到緊張或焦慮不安，你是這種工作者嗎？

　　若你是個「工作濫用者」（work abuser），你用工作逃避私人問題。工作對你來說，是你「真正活著」的地方，是你的戲劇與情緒的祕密貯藏室，是你逃離生活的不可預測性、遠離你討厭的感覺或承諾的安全之地。當你濫用工作來逃避不愉快的境況時，你真正感興趣的是「躲藏」，但諷刺的是，這創造出來的壓力，比你試圖逃避的事情帶給你的壓力還要多。

　　若你是個「工作善用者」（work user），你知道何時應該設限。你在和家人及朋友相處時十分投入，你利用工作作為一種必要、能夠實現個人抱負的途徑。若你是工作狂，你因為努力逃避你無法面對的事情而濫用工作。

　　在「善用工作」和「濫用工作」的頻譜上，你落於何處？你曾經用工作來逃避需要你關注的

某件事情嗎？

調整心態

初次踏入威尼斯時，色香味俱佳的義大利美食、古老建築、運河上划行的浪漫貢多拉、古老世界的音樂，令我讚嘆陶醉。假期末了，我注意到人行道上的地磚裂縫、悶熱多塵的空氣、漂浮在運河上的垃圾、弄髒建築物的塗鴉。威尼斯仍是我剛抵達時那個浪漫、美麗的地方，但是在我心裡，它卻走味了。當我認知到，不是這座城市改變了，是我的心態改變，我轉念，回復我的初始印象。

若放任自行其是，你的心態可能使你不知不覺陷入負面消極和自我挫敗。想想看，你是否需要特別調整什麼心態？你可以試著練習改變你對一個人、一個地方、一種情況的態度。一天練習一、兩次，直到正面感覺提升，壓力症狀消減。

想像人生重來一次，你會改變哪些事？

面對必死性，你會更加注意你如何度過人

今年我想這樣生活 #CHILL

生。突然間，你會想要過不同的生活，希望生命變得更有意義。我想過，若人生能夠重來一次，我會有何不同的做法。

我會放慢步調，把更多時間用於玩樂。早晨起床後，我不會馬上整理床鋪，我會去看日出，去鳥籠那邊看看鳥兒。我不會那麼要求完美，我會坦率一點，說出真實的我，就算這會令某人難過，也沒關係。我會花更少時間在社群媒體上，花更多時間和朋友及我心愛的人交心談話。我會有更多無所顧忌的時刻，把命運交給上蒼安排，順其自然，勇於冒險。我會經常在車上放聲高唱卡拉OK，不理睬他人的注目。在雨中，我嘗試赤腳行走，不打雨傘。我會向公司請「健康假」，而不是「病假」，我不會擔心世界因此停擺。在床上，我會抱著我的另一半，不是抱著我的筆記型電腦。我會了解，我的工作重要，但不如我錯過的所有事情那麼重要。

你呢？若你的人生重來一次，哪些事情你會有不同的做法？花點時間想想，把它們列出來。

留意你的進步

　　不論你現在努力的事情是建立一段關係、存錢、減重，或是完成一項計畫，若你一直急匆匆，很可能會忽視中間階段，那是你相當容易感到失望的時期。在朝向你的目標的途中，心生不耐是很自然的事。當你感覺迷失、絕望時，請記得：進展是由不穩定、不確定性及懷疑等階段組成的，這項認知可以幫助你提振繼續前進的信心。行至中途，進度看似慢了下來，你可能開始不耐煩，想要放棄目標，因為你看的是你離目標還有多遠，忘記去看你已經走了多遠。

　　進度是漸進式的，很多時候眼睛看不見，但還是持續在累積。一小步一小步，慢慢累積起來，就如同小溪變成河流，河水注入大海。別只看你離目標還有多遠，留意你已經走了多遠，你才能夠更完整看出進度的全貌。你應該肯定你已經減掉的那3公斤，不是只看還頑強存在你身上的那5公斤。若你正致力於改善一段關係，你應該自問：「關係改善了多少？」，而非自問：「關係變完美了嗎？」

10月 持續下去，建立新常態

停止找碴

你是否經常對他人，甚至對自己吹毛求疵、一直找碴？彷彿你在尋找失望或生氣的藉口，決心用錯誤及不稱職為由，把某人釘死在牆上。當同事被你打擊時，你感覺更有安全感或掌控感嗎？同事顯得愈笨拙、不稱職，你就愈覺得自己稱職、能力好？

若你的一部分職責是評估、衡量、提出建設性批評，那是一回事；但是，心胸狹窄一直找碴，顯示你比他人優越，以掩飾你的不安全感，那又是另一回事。多數人都會盡力做事，當你在吹毛求疵、不停找碴時，問問自己，這麼做你獲得了什麼？權力？自我價值感？報仇？安全感？

犯錯是人的本質，是人，都會犯錯，你也是人。若你是典型、標準愛找碴的人，請試著把你的「標準」換一下，變成一個標準愛看優點的人。

繼續自省

工作狂互助會的第十步說：「我們繼續省視自己。犯錯時，立刻認錯。」在第十步，你繼續

第四步開始的流程——覺察你的感覺,對你的言行負責。

　　你最重要的工作,就是讓自己過更好的生活。在辦公室、工廠或家裡,你應該維持誠實與敞開心胸的風格。你應該養成習慣,只清掃你這邊的街道。承認你的過錯與不完美,但別自我譴責,也別為過去的缺失合理化、辯解、找藉口。用你對待犯錯的同事或心愛的人的相同標準,繼續寬恕他人與自己。設定合理的工作行程與截止期限,減輕壓力,改善做事效率。

　　請你記得一點:沒有人能夠做到完美,人生是從種種錯誤與教訓中學習的。每天自省你哪裡做錯了,承認錯誤,這樣你就能持續成長,變得更健康、更強大。終身持續自我檢視與自我洞察,使你能夠在混亂的世界中保持沉著、放鬆。

10月 持續下去,建立新常態

今年我想這樣生活 #CHILL

10月重點

- 每天練習冥想五分鐘，平靜你的心智。
- 感謝那些在你日夜工作時支持、幫助你的人。
- 自信表達，但不咄咄逼人，也不走消極極端。
- 當你不由自主想對工作以外的請求或邀請說「不」時，考慮一下說「好」。
- 卸下不必要的防備，讓自己更敞開心胸。
- 當你聚焦於離你的目標還得走多遠時，別忘了肯定你已經走了多遠。
- 每當你不由得想挑毛病時，請提醒自己去看優點。
- 持續盤點、省視你的錯誤，並且能夠立即認錯。

11月

增強有意識的連結

放鬆並不是你去做的某件事，
放鬆是一種心態，一種處世方式。

11月（November）是從晴和的秋收轉入寒冬的過渡期，你可能不知道該穿T恤或保暖夾克，但有件事你很確定：你已經高度覺察到你以往匆忙的生活變得多麼有害。一旦覺察到它的毒害，你就不能坐視不管。

就很多方面來說，11月是神聖、鄭重的月份。在美加，11月有感恩節，你透過沉思或祈禱，感謝生命中的富足。前面所有月份的實踐與努力，把你帶到了目前的狀態，你提升的意識為增強的靈性覺醒注入氧氣。你時常意識到正業，繼續尋求增強的有意識連結。你的行動來自你的內心，而不是只來自你的頭腦。練習正念使你變得更能覺察到他人的感受，更了解你自身的情緒和內在智慧，你的內在改變反映於你的行為改變。

你和心愛的人及朋友相處的有質感的時光更多了，因為你懂得享受這種時光。以往，你嫌超市收銀員動作太慢，現在你可以有耐心、有禮貌地對待他們，因為你知道他們盡全力了。你感謝、讚美同事把工作做得很好，因為他們值得肯定。你建議朋友放慢步調、放鬆面對事情，因為

你關心他們。你也關注自己的個人需求，因為你值得這樣的關注。你曾經對家人太苛刻要求，你向他們道歉，為此感到愧疚。你幫家人做家務，因為這是你身為家庭一員的責任。你出席小孩的獨奏會或足球賽，因為你關心他們的生活，不亞於你對自己的生活的關心程度。

在本章，你思考自己還能作出什麼改變，以培養更豐富、更健康、更富於感情的生活。你考慮生活中被忽視的領域，產生走出安適區的意願。更深層的靈性意識，使你開始辨識自己可以採取什麼行動，進入更有感情的生活。你不再天未光就起床，思考你可以趕早做什麼工作。離完成工作還有一段距離時，你不再聚焦於最終結果，而是思考現在。你能夠停止一心只想要完成工作的需求，改為聚焦於當下周遭每件事和每個人的恩慈與愛。你把他們放在一個安全的地方。

歡迎你歸來。

試試椅子瑜伽

當你的工作很煩心，而且你已經坐了很長的

時間後，你的身體需要你的關注，才能跟上你那多產的心智。椅子瑜伽是一種溫和型瑜伽，能夠幫助你放鬆，增強心智明晰度、體力和身體柔軟度。若你沒有時間上健身房，可以在辦公桌前做椅子瑜伽。

首先，請你坐在椅子上，吸氣，手臂向天花板伸舉，指尖朝上。在此同時，讓肩胛骨下沉向後，坐骨定在椅子上。把左手放在右膝蓋上，右臂架在椅背上，保持這個姿勢輕微伸展身體六十秒。接著，把右手放在左膝蓋上，左臂架在椅背上，保持這個姿勢輕微伸展身體六十秒。

牛式：坐在椅子上，雙腳放在地板上，挺直脊椎，雙手放在雙膝上，吸氣，肩膀下沉向後，使脊椎反弓，讓肩胛骨向後夾。

貓式：呼氣，脊椎往前弓，肩膀及頭部往前向下垂，下巴往胸部貼。

吸氣時做牛式，呼氣時做貓式，如此交替，做五次。

矯治你的工作畸形

「工作畸形」（work dysmorphia）指的是你對工作習慣的扭曲觀念，你可能自己想像或誇大了很多缺點，永遠嫌你的工作量不夠。你或許會說你其實沒有工作那麼多，一週只有半滿的工作。半數工作日、週末或休假時，你內心覺得自己是個懶鬼。

儘管你已經超出他人的期望，但是你的觀念太僵化、扭曲，你認為自己從未達到自己的標準。在苛刻的自我批判下，你夙夜匪懈努力工作，直到你認為做好（但你真的很少這麼認為）。多數時候，你自認為是個失敗者。當你為自己訂定實際可以做到的目標時，你心想：「這根本沒什麼，沒啥價值，太簡單了！」，於是你另訂更高的目標——你不可能達到的目標。

請你思考一些能以更平衡的觀點為自己設定標準的方法。你的工作時間太長、工作太多、太少放鬆，但是你的觀點正好相反。想想看，你可以採取什麼行動來矯正你的扭曲觀點？

11月 增強有意識的連結

有意識地深呼吸

不論壓力因子是來自工作或家庭，壓力有時從四面八方湧向你。人體透過呼吸來排放70％的毒素，若你的呼吸沒有以最高效率運作，你的毒素排放量就會不足。有意識地深呼吸，可以把活力注入你的體內，幫助克服日常生活的緊張，提振你的精神。

留意你此時此刻的呼吸，它是來自你的上胸部，還是來自你的腹部？快，還是慢？有意識地深呼吸，你會放鬆、穩定下來，不會像截止期限最後一分鐘或錯過約會時那樣激動。你應該在一整天中經常有意識地深呼吸，因為當你用腹式呼吸時，你的血流注入額外氧氣，你的身體就無法繼續維持與之前等量的壓力，也就是說，你的身體壓力會減輕。

學會享受獨處，但別再當邊緣人

你可能花太多時間在工作上，以至於你覺得和其他人隔絕。有時候，你唯一能夠加入交談的方式是談論工作，但最終這也變得很乏味。你過

度埋首於工作，鮮少留有時間與他人互動。縱使不工作時，你也孤立自己，感覺像個局外人，忘了如何玩樂。你最好的朋友是你的電腦，但只有在執行自動校正時，它才會回應你。

獲得深層靈性時刻或與自己建立真誠關係的探索者說，他們最主要的收穫是不再感到孤獨。當你花時間和自己建立持久的關係，你會開始感覺更完滿。一旦你停止否定自己的價值，享受工作以外的興趣，花時間和他人交流這些興趣，你就能夠開始進入朋友、同事及家人的圈子。

反思一下，你的什麼行為可能已經把你和家人、朋友，甚至那些喜歡在辦公室耍寶的同事隔絕開來？孤立你、使你感覺像邊緣人的禍首，並不是你的朋友、家人或同事，而是你對工作的強迫性需求，侵占了你可以用來和他人互動、相處的時間。

運用你的資源

凡是能幫你對壓力反應踩煞車、內心感覺更鎮靜的東西，就是你的資源。比方說，你喜歡

自己的某個層面，或是一段正面的記憶或經驗、人、地點、寵物、靈性指南，或是可以帶給你安慰、快樂或平靜的任何東西。

想要善用你的資源，你只需要想起來就好，想想這些資源如何支持、滋養你的所有細節。我的資源之一是：早上在海邊別墅的陽臺上喝杯咖啡，看著捕蝦船在日出的火球前劃過水面。

生動詳細地想起你的資源，把注意力聚焦於你的內在感官感受，留意你的身體如何感受你的資源啟動的愉快感覺，注意你的呼吸、心跳速率和肌肉張力。留意這些變化，你的呼吸可能慢了下來，或是你的肌肉可能放鬆一些，花幾分鐘聚焦於這些變化。結束時，把你的注意力帶回到你的全身，留意發生的所有變化，試著維持這種狀態幾分鐘。

旁觀

你可能有心酸的血淚故事，掙扎於照料一切——工作、家庭、小孩、友誼、你自己（若還有時間的話）。你可能深受以往故事的影響，結

果一直卡在角色裡，腦海中一再回放那些酸楚，心想：「真是糟透了！」

當你把自己擺在接收端的位置，就會繼續感覺自己是個受害者。若你學會把自己擺在旁觀不愉快情況的位置，就能脫離主觀模式，變成一個冷靜、客觀的旁觀者。用旁觀者的角色去看你以往的創傷，能夠有效防止你再度感到痛苦，帶給你能量，幫助你往前走。

當你帶著新力量、站在場邊旁觀時，請你試著改寫情節。事情已經過去了，你可以提醒自己你現在很安好，告訴自己，那些糟糕的往事都已經過去了。當你回想起來的時候，也可以聚焦於當時保護、幫助及支持你的人。當你嘗試這麼做時，留意你內在的感覺有何不同。

認可你的固有價值

你的內在需要作出什麼轉變，才能從容、有信心、快樂地工作？你可以改變你的觀點——關於公司文化及高層導致你相信的工作觀點。你不只是一部機器上的輪齒，你的價值不只是如何管

理時間、產出多少，不只是你多快在截止期限前交差，也不只是主管的期望、作出困難決策、完成工作而已。

是時候停止無視於你的本質了。你帶到工作上的素養，是你的固有價值、自尊，以及你所做的每件事的神聖意義。記得：你不需要靠工作過度來證明自己，你本身就有價值。你具備你需要的一切，你只需要現身，運用你的固有價值，這樣就夠了。

漫步

我知道，你看到這個標題感覺納悶，但這是真的：你愈用漫步取代疾行，效率就愈高。我在我的個人生活中發現，這是真的，研究也支持這項論點。別忘了！賽跑最後勝出的是烏龜。

你可能太習慣於高速運轉，你認為這是完成所有事情的唯一方法，但疾速會妨礙你的心智適當運作，很容易令你感到疲竭，降低你的成效。相反地，放鬆與從容，能夠使你保持精力充沛、心智明晰、高生產力，到了一天末了，你往往仍

有相當活力。

　　你不需要繼續讓工作壓力恆常支配你的人生，可以留有時間去做你喜歡的事。或許，你覺得不可能，錯！有可能。你的身體的設計無法全天候高速運轉，除非你面臨生存威脅，否則原始設定應該是漫步，這樣你才不會過早耗竭。所以，今天剩餘的時間，請你漫步到所有的會面地點，留意你的感覺與狀態變化。

反向而行

　　若你過度進取，你的生活其實會倒退。你花太多時間忙於企圖掌控外面的世界，聚焦於完成工作及維持秩序。你努力獲得物質、他人認可和財富，追求更多你想要的名利，設法讓自己快樂。

　　放鬆與平衡需要你反向過生活，學習擺脫你想要掌控一切的幻想，把掌控權交給更高的力量。第一步是由內而外地生活，培養豐富、健康的內在生活。這需要你先透過洞察，深入省思、清楚你不平衡的根源，發現自己，真實做自己。

　　花點時間思考，致力於開創你的外在生活之

前，你的內在需要作出什麼修正？你能否辨識出你一直試圖於外在生活達成什麼，以填補你的內在？你能否辨識出在向外撒網前，你必須做什麼以填補你內在的空虛，好讓你能夠充分享受正在等待你的生活？

擁抱痛苦

同等看待痛苦難過與快樂，有違人類天性。但事實上，你可以藉由接受你的痛苦與難過來獲得快樂，而不是在面對痛苦與難過時，試圖逃避到比較愉快的其他事情上。

在我個人的成長過程中，採行這條反直覺的途徑，一直是我在試圖擺脫以往的一些壞習慣時面臨到的最大挑戰。但是，我發現，當我能夠擁抱痛苦與難過時，我的恐懼消失，人也放鬆了下來，感到更平靜、更有同理心。逆境可以教導你擺脫你想要掌控一切的幻想，幫助你成長、更有智慧，喚醒你一直不知道存於你內心的勇氣與韌性。痛苦與難過把你從逃避的動物本能，帶向更深層的自我了解、有意義的靈性連結，以及對他

人的真誠仁慈。

你是否願意考慮，鼓起勇氣直視你的痛苦與難過，而不是一再逃避？你是否相信這條較少人走的路徑，可能讓你通往與他人和自己的更深層連結？思考這些問題時，請留意你是否變得更平靜、更有同理心，不再像先前那麼痛苦、難過了。

肯定你的努力

內心談話具有強大的力量，可能使你認為自己能夠達成某件事，或者連試都沒試就放棄了。縱使你有能力，你可能會告訴自己你做不到。不論是開始一份新工作、向主管提議、爭取升遷機會，你總是可以選擇你的內心談話朝往什麼方向。你可以選擇用正面訊息來肯定自己的能力，也可以選擇否定、擊潰自己，兩者一樣容易。

正面肯定幫助你更容易面對逆境，因為它能夠幫助你看出工作與生活中許多問題的解方，不是愚弄你去相信美好的假象。正面肯定是你能夠輕易獲得的鼓勵處方，你可以這樣告訴自己：「只要下定決心去做，我可以做到的」，或「我可

以從容應付這種情況，沒問題的。」

你變得精通於你經常告訴自己的事。正向積極的展望，能夠消除壓力對你的身心造成的傷害，幫助修復心血管的耗損。正面肯定向身體發出不同於負面情緒的訊息，創造冷靜的效果。想想看，你需要給予自己什麼正面支持，以改變你的人生軌跡？

擁抱失敗，面向成功

凡事皆有反面，為了擁抱成功，你首先必須接受反面——失敗。我知道，你可能覺得這聽起來有點掃興。但是，沒有起點，就沒有終點；沒有前面，就沒有後面；沒有上升，就沒有下降。若你試著往上爬、想要贏得認同，就必須先接受得與失並行。

你當然希望提案能被接受，但是，你能夠接受遭到否決嗎？你通常能夠接受獲得晉升，但是，你也能夠坦然接受升的不是你嗎？你肯定想要家人支持你的工作習慣，但是，你願意接受他們不支持你的工作習慣嗎？

　　凡事都有正反兩面，為了得到你想要的，你必須願意接受你不想要的。選擇接受，可以鼓勵你站起來，拍拍身上的塵土，七轉八起。鬆開你對結果的執著，當失敗無可避免地來臨時，你就更容易接受。

對建設性批評敞開心胸

　　你對工作投入那麼多，大概會過度敏感於批評，甚至連輕微的建設性批評都不想聽。你想聽到讚美，愈多愈好，但是這如何幫助你成長呢？沒錯，獲得讚美的感覺很好，但是深陷其中、只能聽到讚美，那就有問題了。若你總是尋求讚美、忽略建設性批評，當你原本能被有益的批評拯救時，可能被讚美搞得墮落了。

　　為了追求卓越，你應該學會欣然接受同事、朋友與家人的建設性反饋。了解自己與成功的唯一途徑，是透過人際關係的反映。若你的自尊心太脆弱，無法接受建設性批評，那你不如讓自己被寵物環繞，牠們不會反駁你。

　　有時，你看不見自己泅水其中的汪洋，一些批

今年我想這樣生活 #CHILL

評能夠拯救你免於溺死。如果你能夠調整心態，建設性批評就像良藥，苦口，但你願意吞下去。

你能夠接受建設性批評，但不往心裡去嗎？你可以客觀接受建設性批評，認為這是在幫助自己嗎？如果這些對你來說，目前都很難做到，你需要作出什麼改變，以了解是你的作為可能有什麼不對的地方，不是你這個人本身有什麼不對？

別不耐煩等待

對絕大多數人而言，時間很寶貴，對你來說也是，對吧？你不喜歡等待，你不習慣工作與工作之間的暫時停滯。在一切講求速效的年代，你積極進取（有時急躁）的個性可能會覺得，長前置期和等待結果的牛步速度，真是令人難受極了——無論是等待一項計畫起動，等待職位晉升的消息，等待健康檢查的結果……等待實在令人太痛苦了。

等待時，請留意別玩你的手指，不耐等待。試試採取不同的心態，學習接受生活的安排，讓它自行決定事情發生的步調。這麼想：好事值得

等待。提醒自己，好事多磨。生活有自己的節奏，別期望世界配合你運作。放慢腳步，與大自然的和諧融為一體，你自然就能夠經常敞開心胸，獲得深層的平靜。

多浸淫於靈性的感覺

你著迷於世俗的感覺（worldly feelings），抑或靈性的感覺（soulful feelings）？請聽我分析這兩者的區別。想想當某人稱讚你的工作時，當你在一場比賽、打賭或爭論中獲勝時，當你成功做到某件事情時，你的感覺通常如何？這些是世俗的感覺。接著，想想你觀看日落、擁抱心愛的人，或沉浸於令你感到滿足、有成就感的事務中的那種感覺，你的感覺通常如何？這些是靈性的感覺。

比較這兩種感覺，你會留意到，自命不凡、自我陶醉的感覺，沒有我們享受家人、朋友或同事陪伴時感受到的那種撫慰與真誠親切感。這個月，請好好觀察自己，留意你為了贏得注意、讚許或名聲而採取的行動，盡可能經常帶領自己返

回真誠坦率的感覺。

珍惜你已經擁有的福賜

當你過度投資於工作，大概很容易感到永遠都不夠。你相信，若你鬆懈，就會失去你的護身符，變成一個懶鬼。於是，對於你需要做什麼、缺乏什麼或什麼行不通，你抱持著扭曲的觀點。也許，你的生活已經相當富足了，還是不停地抱怨你還沒有達到什麼。在感恩節當週，請你暫時抽離球賽、遊行、火雞與火雞內餡、成堆的工作，想想所有你應該感恩的東西。你可能發現，當你減少欲望，感謝、珍惜你已經擁有的福賜時，你感到更滿足。

你無疑感謝你的家人、心愛的人和朋友，但你是否也感謝你新發展出來的那些健康的思維與感覺，以及桌上的食物、你的住所與你健康的身體呢？你很幸運能夠擁有86,400秒鐘的一天，好好珍惜，並且善用一部分來思考你感謝的每個人及每一件事物，然後好好吃點東西、看看球賽吧。

被引領，別總是被驅動

「被驅動」（being driven）和「被引領」（being drawn）有很大的差別。受制於工作與生活不平衡，你被外部環境驅動，你放棄個人力量，屈服於外部壓力。你被自負驅動，讓它左右你的命運。

一旦成功擺脫過度工作後，你會發現，內在的晴雨計指引你的思想，你受到坦誠、靈性的引領，從被截止期限驅動，改為受到內心正面個人呼喚的引領。

仔細思考，你的生活有多少部分是受制於外部因素，而非受到內在資源的引領？想想看，你的生活有多少部分是被驅動的，而不是受到你的心靈的引領？然後，問問自己，你可以採取什麼行動？作出改變，讓更深層、更靈性的源頭引領你。

追求有意識的靈性接觸

工作狂互助會的第十一步說：「我們透過祈禱與省思，追求改進我們與上帝的有意識接觸，因為我們了解上帝，我們祈求能夠知道上帝對我們所定的旨意，並且獲得執行這個旨意的力量。」

　　追尋過有意識的靈性接觸的生活，將會滿足你的內在需求。祈禱與省思，這是你認識更高的力量，認識日常工作與家庭之外的內在生命的唯一直接體驗。透過祈禱與省思，你除了獲得有意識的接觸，也將會注意到，你的心理負擔、不必要的憂慮和胡思亂想一個接一個地消除。留下的空白，被祥和與平靜取代，你獲得充分放鬆的時刻。

　　也許，你早已遠離你孩提時代的信仰，以及你早年對上帝的了解。第十一步重拾這項追尋，這往往會帶你走上不同的旅程，進入西方或東方信仰與哲學，找到慈愛的社群，分享與交流你的有意識的靈性接觸。你的追尋幫助你看出所有生物之間的關連，認識到每日靈修的重要性，不論你選擇的靈修是透過沉思、祈禱、內省、恕道、世界和平或環境和諧。

11月重點

- 每天花五分鐘做椅子瑜伽，有意識地深呼吸，深吸深吐。
- 認知到所有事物都有一體兩面，同等看待成功與失敗。
- 學習享受等待，別玩手指或坐立不安。
- 每天有意識地去感知「世俗的感覺」和「靈性的感覺」的差別。
- 感謝每一個在你忙於工作時提供支持、使你的生活保持安穩的人。
- 讓你的心靈引領你，別讓外在需求驅動你。
- 如同你喜歡讚美那樣，欣然接受建設性批評。

11月 增強有意識的連結

12月

偉大的事

你的工作將占據你人生的一大部分，
唯有做你相信是偉大的事，你才會真正感到滿足。

——史蒂夫・賈伯斯（Steve Jobs），
蘋果公司共同創辦人

12月（December），一年的最後一個月，宣告又一年的結束。這是第一個滿冬之月，北半球迎來雪花，過去十一個月融化你的心的每月閱讀，溫暖了空氣中的冷冽。或許，你在火爐前或毯子下暖和舒適地閱讀一本好書，啜飲著你喜歡的飲料，思考這個月的意義和重要性。

光明節、聖誕節、寬扎節，各種文化的節慶內含著世世代代長遠流傳的儀式。冬至是一年當中白晝最短、夜晚最長的一天。12月有佛教徒的菩提日（佛陀成道日）——佛陀（悟道者）坐在菩提樹下，終於悟道。在所有這些儀式中，最重要的一條脈絡或許是施予他人：烹煮你喜歡的節日佳餚、購買禮物，關愛仁慈簡單施予。

這個饋贈之月是所有其他饋贈及施予的高潮，因此你應該思考「偉大的事」（Great Work）這個概念——無私奉獻的行為，回饋你所獲得的。「偉大的事」既是慶祝實踐你從閱讀中學習到的正念練習，也是回饋你的收穫。在辦公室或運動場上，你可能不時聽到「great work」（表現得很好）這個讚美。從你的行為，可以看出你是

否了解「偉大的事」的真義：它不是指你一週辛苦工作六、七十個小時，以贏得年度最佳業務的榮譽，或是熬夜趕在截止期限之前完成工作，或是同時執行多項計畫，結果沒有時間給生活中的其他活動。「偉大的事」包括團隊合作、熱情、誠正、洞察力、道德、愛心，超越工作表現，延伸至以光輝的抱負，全心全意地投入自己，並且分享你從生活中的放鬆經驗獲得的智慧。你有意識、清醒、覺察展現正念，活在當下。

你慷慨付出自己，不是出於義務，而是出於仁慈。也許，你把幾位新進員工當作自己人，樂於幫助他們，或者你在公司發起冥想社團。偉大的事是，以同樣的尊重、禮貌及和善言語，對待各行各業的人──從門警到法官，一視同仁。也許，你在超市讓一個趕時間的人插隊到你前面，記得對忙碌的收銀員露出和善的微笑，或是示意讓趕急的用路人切車到你前方。

在本章，你有機會實踐你的版本的「偉大的事」，使生活更加平衡，在所有事務上展現融合。你可以思考簡單、但有意義的無私奉獻是什

麼模樣，或是想想看，你可以如何在不說教、也不期望任何回報之下，向他人分享你已經在生活中作出的改變。基本上，我們都是相同的人類，映照彼此。你私藏的東西，終會失去；你施予的東西，將會永存。當你把香水灑在別人身上時，你自己也會沾上一些；當你為其他人做偉大的事時，你也為自己做了偉大的事。

練習開放覺知

當你從忙碌的行程中，撥出時間讓自己平靜時，你將直接體驗你的心智，感受到當下共存的東西。現在，請你花點時間，以開放、聰慧、生動的方式與你的工作建立連結。

在辦公室或私人空間，找張椅子或在地板坐墊上坐下來。請你坐直，眼睛張開，開啟你的覺察意識，注意當下的種種生動。也許，你注意到遠處的交通聲、窗外有嗡嗡蜜蜂聲，或是你肚子發出咕嚕聲。也許，你注意到牆上舞動的影子、樹枝被微風吹彎，或陽光從窗戶照進來。也許，你注意到料理香味或花香味、織品的觸感，或是

一片蘋果的味道。保持這種留意與開放的狀態幾分鐘。

若有其他思緒浮現你的腦海，例如：未完成的工作，或是你接下來必須做的事，輕輕地把你的注意力帶回到你的呼吸和你的開放覺知上。如此沉浸在當下一段時間後，把注意力轉移到你的心智與身體上，留意你內在感覺更平靜、更靈敏的程度。

別把玩樂一直往後延

一想到人生苦短，你想到需要關注什麼？若你的人生可以重來一遍，你會有何不同的活法？一位匿名作家如此回答這個問題：「若我的人生重來一遍，我會少說多聽。我會記得點燃那朵玫瑰花蠟燭，不是讓它一直收在儲存室裡，結果融化了。生病時，我會上床好好休息，不是擔心沒去工作的話，地球會暫停轉動。」

現在，請你想想三件你喜歡、帶給你慰藉或快樂的事情。你上次做這些事，是什麼時候的事了？從這些資訊，你看出你如何過你的人生了

嗎?你活得有意義嗎?還是你按照別人的劇本過活?誰也不知道明天會發生什麼事,去做你熱愛的事吧!

透過悲痛來轉化

我父親出殯那天,我的母親和姊妹們與老鄰居一起進餐時,我待在四十公里外的大學辦公室做一項計畫,那項計畫不重要到我現在都想不起來是什麼了。我當時並未察覺,我的工作成癮已經使我麻木不覺於悲痛了。

成年的我們,大多有過失去親愛的人的經驗。遲早,你必須和你心愛的某人說再見。花時間於悲痛,幫助你感受與發洩失去的傷痛。若你不去觸及你的感覺,很可能是因為悲痛太深,令你難以招架。於是,你讓自己沉浸於工作,逃避痛苦。但是,悲痛不會就此離開。若你不花時間去悲悼你的失去,你沒有時間癒合創傷。你愈是把你的情緒深藏起來,那些凍結的情感,就會愈加繼續以你可能未察覺到的方式麻木你。

凡是你沒有透過悲痛來轉化的事,你會以另

一種方式去轉化成別的。現在，問問自己：你把悲痛冰凍起來了嗎？若是，你需要道別的對象是誰或什麼事？你何時及如何哀悼這失去，好讓你的生活能夠繼續往前走？等到時機正確，請回想你在這些關係上的每一個正面回憶，默默告訴自己：「我要對這段回憶說再見了。」放掉每一段回憶之後，請默默告訴自己：「我已經從有你的往昔中解放自己，準備進入現在。」

練習行禪

我曾有幸和其他數百人一起接受釋一行禪師（Thích Nhất Hạnh）傳授一種行禪（walking meditation，行走冥想），那次體驗是我永遠珍惜的一段回憶。好消息是，你也可以享受行禪。對許多人來說，那等同上教堂，能夠讓你放下悲傷與憂慮，走出你的煩雜心緒，感受內在的平和、感恩及仁慈。

若你想要試試看，下列是一些指引。走路時，請你把注意力完全放在你的腳和腿上，留意你抬起它們、把它們落在地上，覺察你的腳在鞋

子裡接觸內側鞋面，然後落在地上。注意你的一隻腳和腿的前進動作與感覺，再把注意力轉移到另一隻腳和腿的前進動作與感覺，全神貫注於它們帶你前進的感覺。若你察覺到你的心智漫遊至其他思緒，沒關係，輕輕把你的注意力帶回到你的雙腳和地面接觸的感覺。如同你用你的雙腳親吻大地般行走，每走一步，讓自己充滿解脫內在束縛的自由感。

停止對自己貼標籤

你如何看待「改變」這件事，將會產生相當大的影響。標籤是用於瓶罐及冷凍食品上的，不是用於人身上的。標籤會使你繼續被你想要破除的壞習慣給困住，所以別給自己貼標籤——你不是自尋煩惱者，你不是控制狂，你不是無可救藥的人，你也不是吝嗇鬼。也許，你只是試圖少憂慮一點，學著放手，有更快樂的想法，或者只是想要省點錢。

當你使用動態語言，而非靜態語言時，你就走在朝向「高我」（Higher Self）的路途上。問問

自己，你是否用標籤來描述自己或他人？留意標籤如何框限人們，阻礙他們的成長。想想看，你可以使用什麼行動字詞？然後留意你內心的感覺明顯變好，也明顯更容易放鬆。

回家

　　平日晚上七點，你大多在哪裡？還在工作？你可能太投入於工作，以至於沒有停下來想想，你家裡有人需要你：你的另一半、小孩、寵物或父母。

　　說實話，有人愛你，愛到想知道你此時在何處，想跟你在一起，這可是一大福賜。你何其有幸，當許多人過著孤獨寂寞的夜晚時，有人在等你，期盼看到你。所以，請你記得停下工作，想想誰在等你回家。你感謝他們的期待嗎？或者覺得這是負擔？你是否經常忽視或拒絕他們？抑或讓他們對你的愛融化你的心？

當個團隊合作者

　　你很難團隊合作嗎？你獨立工作時，成效

最好？若你是個使用鐵腕控制手段的人，你的動機可能是害怕失去地位。你不願冒險去達成創造性的成果，也許你想避免犯錯，或是試圖掩蓋錯誤。這些將阻礙你成為一個良好的協作者、工作委派者或團隊合作者。你相信你的方法與風格是最好的，你難以接受「不那麼完美的點子」。

在職場上，團隊合作是成功的要素，各種問題的創造性解方來自能夠產生許多可能性的團隊。此外，學習當個團隊成員，有助於擺脫你的強迫性過度工作習慣。處方是：放下你想要掌控的需求，學習當個通力合作者。你可以變成一個願意打破習慣界限的創造性冒險者，以及從錯誤中學習、自我修正的能手。

值得花點時間想想，在工作上，你是不是一個很會協調，能夠妥善交派任務、團隊合作的人？你善於團隊合作、自我修正及創造性冒險嗎？你是否能用不同的方式使用你的技能？

追求平靜

你置身於誤以為高音量就代表權威、吶喊

就代表真義的二十一世紀文化。一起床，你就開始對著老天揮拳，追著時間跑。你的工作充滿混亂，你在不知不覺中，創造了你的壓力與憂慮。

　　若你對內心狀態有起碼相同於對外在狀態的關心程度，就會試圖在日常生活的吵雜中注入平靜。一旦你和你自己來場約會，什麼都不做，只是單純地讓自己存在於當下，你的焦點就會從「做」轉移至「存在」，你的生活將會開始逐漸變得更好。此時，你和內心深處的平靜之地連結，這是你可以退出忙亂世界、重新獲得活力的一個避靜聖壇。

　　你上次感覺到內心與周遭平靜，是什麼時候？沒有喇叭聲，沒有吶喊聲，沒有大聲的音樂、割草機操作聲，甚至也沒有你內心的批評聲音，叫你趕快去工作，只有你的徐緩呼吸、樹枝被緩緩飄下的白雪覆蓋的寧靜，或是蜘蛛網上的晨露反射著金紅色的陽光。你願意經常讓這些景象教你如何平靜嗎？

照亮你的盲點

有時候，或者很多時候，你有盲點。你用你的觀點去看世界、職場、朋友與家庭，不是站在它們／他們的立場去看。所以，你很容易看不到其他人的需求及觀點，一直聚焦於前方，框限你對計畫、解決問題、排解疑難的視野。當你帶著盲點一直往前趕路時，你錯過了一路上許多重要的時刻：生日、週年紀念日、節慶假日、家族團聚等等。

你沒有在日常生活中充分覺察，撥出時間放鬆，也沒有在工作吞沒你的生活之前，好好權衡你的選擇與後果，這些是你虧欠自己、你心愛的人及你的同事的。

抽空花點時間思考，你可能有哪些盲點。你忽視了什麼或誰？需要改變哪些看法，才能把你的生活放到更寬廣的視野裡，讓更多方面獲得充分融合？

摘除面具

你可能和多數進取的工作者一樣，偽裝自

己是個強而有力的決策者，你比別人精明，什麼都知道，不會被傷人的話干擾，總是冷靜面對騷動，生活中不需要其他人。然而，你內心深處知道，根本就不是如此。你知道真相：你只是戴著面具，一直咬牙撐過去。

經過多年的傷害，你把你的感覺往內心更深處推。你始終戴著面具，以防他人看到真實的你，也藉此逃避你自己的感覺。你更加深埋於工作，完全切斷和自己的連結。

若你想從忙亂的過度工作中放鬆下來，你必須檢視面具背後的你，問問自己，有什麼在底下爓燒？你否認和拒絕什麼？刻意不去感覺什麼？你需要觸及什麼，以免你最後爆炸？當你誠實面對自己的感覺時，你就能夠了解你從來都不了解的自己。你將因此成長，開始感覺自己更有人性。

想想你的冷酷面具，你需要採取什麼行動，停止隱藏自己，偽裝成別人？想想看，若你永久摘除面具，以真實的你去過今天，會是什麼模樣？

直覺

當你過度倚賴你的邏輯心智時，可能會遮蔽你的直覺或你內心深處的認知。直覺是溫和的內心聲音，在你平靜之時，跟你說話。

在追求各方面的融合時，你可以結合邏輯推理與直覺，創造出更好的平衡。邏輯與直覺結合起來，可以幫助你作出重要決策。當你能夠進入內心的平靜之地，尋求指引，你的直覺會引領你找到下一份合適的工作、處理衝突的最佳方法，或是善待自己的仁慈方式。

找個安靜的地方，平靜下來，進入你的內心。思考一件令你為難或煎熬的事，例如：改善你與某位同事互動的方法，或是關於職涯方向的決定。請你閉上眼睛，在內心提出疑問，傾聽，留意浮現的任何答案。若答案沒有立即浮現，別放棄，耐心等待，直到答案浮現。

列出一張「存在清單」

你跟許多工作狂一樣，著迷於列出所有工作待辦事項？草擬一次還不夠，還得檢查兩次，在

每天結束前，確定每一項都打勾，代表完成了？待辦清單往往演變成行程排得過滿、過度承諾，導致你不停追著時間跑。

若你在「待辦清單」（to-do list）旁邊，也列出一張「存在清單」（to-be list）呢？你會在這張「存在清單」上列出什麼？我總是列出一張「存在清單」，上面必定有的一項就是經常去戶外，置身於大自然，傾聽大自然的聲音：鳥兒啁啾聲、灌木叢裡昆蟲吱吱聲，或是青蛙呱呱聲。若你想要現在就開始實踐你的「存在清單」，你可以先在兩個工作事項或兩項預定會面之間留點空檔伸展與喘息，或是規劃每天十五分鐘到一小時的時間放鬆、運動、玩樂、冥想、祈禱、做做深呼吸，或者只是沉思宇宙。

思考你想要加入什麼項目到「存在清單」。把一些項目寫下來，在接下來幾天，只要完成一項就打勾。若你必須在待辦清單上增加一項新任務，記得先致力於刪除原先一項，確保你的「待辦清單」的長度和「存在清單」不會差太多，以免過荷。

12月 偉大的事

勇於嘗試新事物

你的日常例程可能變成一把雙刃劍,在某些方面,它們使得生活變得更容易、更自在,增添可預測性,使你的生活有條不紊。但是,它們也可能使你變得更難以擁抱新體驗,而新體驗是強大的復原力與快樂源頭。追求一成不變、逃避挑戰,將導致枯燥無味,限制你充分發揮潛能。

在工作上或私人生活中嘗試注入新穎性。你可以試試看一些新的事物,跟不同的同事共進午餐,發展新技能,或是走不同的路線去上班。每天勇於設想得更大,你會持續成長至新的高度。

好好過節

「與工作結婚」(wedded to work)形容得真是太貼切了,而且沒有性別之分。愈來愈多人投入工作的時間和精力,多於投入家庭、社交、嗜好、休閒及娛樂上的時間和精力。研究顯示,每晚的家庭晚餐時間已經快要絕跡了,現在晚餐有70%在外面吃,20%在車上吃。節慶假日不過又是一天從早到晚的工作,別人在慶祝光明節、聖

誕節、寬扎節，你可能完全忘了、忽視或刻意淡化節日、生日、團聚或週年紀念日的重要性。

節慶假日和家庭慶祝活動，是形成家庭凝聚力的黏著劑。若不維護相應儀式、趁機聯絡感情，歷經時日，家庭關係往往會瓦解。重大的節慶假日時，務必提醒自己放下工作，好好休息一下。你可以選擇參與節慶活動或宗教性質節日的特別儀式，聽聽音樂，烹煮特別食物，或只是參與團聚，別為了節慶假日的活動忙得暈頭轉向。你不需要做得過火，讓物質主義和商業化使你受不了，你可以決定自己想要如何慶祝，以及你從今年的節慶中獲得什麼真正的意義及樂趣。

養成好習慣的簡單公式

你可能不願意承認你有助長工作成癮的壞習慣，你很想要破除那些壞習慣，養成一些能夠讓你更常放鬆的好習慣。我曾經無數次允諾戒菸，要吃得更健康，要開始規律運動，但後來那些承諾都變成回憶。

直到我發現「若⋯⋯，我就⋯⋯」（If-then）

的策略，幫助我堅持追求目標的行動。在這項策略下，「我要多運動」的模糊計畫，從「我會多運動」，變成「若發生X，我就做Y」；X是狀況，Y是當發生狀況時採取的行動。代入這個公式，把「我要多運動」的空虛誓言，轉化成類似下列的具體行動計畫：「每週二、四早上八點，我和個人教練在健身房見面，進行一小時的鍛鍊。」這項策略使我真正動起來，至今已經保持這個健身習慣多年。

為何這項策略奏效呢？「若……，我就……」策略，自動讓你的大腦特別警覺留意一個特定狀況（例如：若我在餐廳菜單上看到油炸食物），一旦察覺到這個狀況，就必須啟動某個行動（例如：刻意避開油炸食物。）專家說，破除舊的壞習慣，用新的好習慣取代，大約需要花一個月的時間。你也可以試試這個方法，設定一項目標，改變導致你的壓力的一個習慣，把這項新目標代入「若……，我就……」的公式：若發生X（狀況），我就做Y（行動）。

改掉想太多的毛病

若你是一個總是容易想太多的人，可能經常停留在你的腦袋裡，花很多時間想得太多。你可能事後回頭批判你的某項工作決定，一再演練即將來臨的一場會議，苦思某個同事的評論，或是在腦海裡一再重演一段談話，為了你說的一句話感到不安——「在昨天那場會議中，我說那些真是太蠢了，大家一定認為我很白目。」

當你對行動想得太多時，就像讓你的內在警報系統全天候運轉。這非常累人，也導致壓力，創造焦慮和沮喪，妨礙你和同事及心愛的人互動。習慣性想太多的人老是想著過去，腦海中浮現未來的災難性情境。想太多的人很容易把小事放大，困在自己的腦袋裡，不是嘗試主動解決問題。這導致情緒性癱瘓及不行動，增添麻煩。

若你發現自己一直在反覆思考一個工作或家庭問題，你可以訓練自己從聚焦問題，轉向思考可能的解方。提醒自己抽離想太多的局限思維，試著改變你的視角，拉出全景，把思想放進一個更平衡的視角。經常提醒自己，你的想法只是你

12月 偉大的事

個人的想法，多數人對你的觀點不同於你投射到他們身上的觀點。

練習接地扎根

當你一直忙個不停時，你有很多時間沒有察覺到你的身體狀態。「接地」（grounding）冥想讓你接觸你的身體感覺，擴展你在當下的覺察力。當你感受到壓力時，接地冥想活絡你的休息和消化（rest and digest）反應，使你冷靜下來。

請你找把有靠背的椅子，以舒適坐姿坐下來，身體挺直。留意椅子的靠背如何支撐你的背，把全部注意力集中在這個支撐部位，聚焦於這個部位大約一分鐘的時間。接著，把注意力轉向你落在地板上的雙腳，注意你的腳底，以及地板對你的雙腳的支撐，聚焦於這個支撐部位大約一分鐘的時間。然後，把你的注意力轉向你坐在椅子上的臀部，留意椅子對你的臀部的支撐，聚焦於這個部位大約一分鐘的時間。

接地後，用一分鐘留意你的呼吸、心跳速率和肌肉張力的感覺。很多人說，他們感到更放

鬆，更融合身體的感覺，呼吸和心跳速度減緩，肌肉放鬆。現在，請用一分鐘掃描你的身體，從頭到腳趾，留意你內在已經正面改變之處。然後，把你的注意力帶回到你現在身處的空間，留意你變得多放鬆。

完成未竟之事，重新開始

　　這是人生事實，若你還沒有遇上，終有一天你會遇上，低頭承認生命無常。可能是一個你意想不到的診斷、一通你從未想過的電話，或一個你無法承受的失去，帶來一個終結。終結為你帶來崩潰與突破──一個更深層的成長機會，以及你後來能夠向前邁進時所感到的滿足感。當你接受人生中出現的終結，認知到它們對你的影響時，有時無可避免將會帶給你悲傷。

　　在悲傷中，你發現，你總是同時終結與開始。一個終結，帶來了一個新的開始。除夕一過，迎來了新的一年；夏季結束了，秋季才會到來。一個終結，就是另一個開始。

　　當你向前邁進時，問問自己：在你的工作

與個人生活中，有什麼還未完成的事是需要完成的？你去完成。完成了之後，就誕生新的開始。有什麼存在已久的情緒，需要你去化解？有什麼計畫需要你去完成？有什麼關係需要你付出關注？你需要採取什麼行動，才能讓你的種種終結，為你帶來健康的新開始？

回饋

工作狂互助會的第十二步說：「這些行動使我們獲得靈性覺醒，我們試著把訊息傳達給工作狂，在所有生活領域中實踐這些原則。」

這一步是所有其他行動的高潮，你把自己收獲的，回饋給這個世界。你慷慨付出自己，不是出於義務，而是出於愛心。也許，你參與公司的一項員工協助方案，或是創立一個如何預防在工作上耗竭的討論社團，或是把新人視為自己人，提供幫助與指導，或是擔任某人的戒癮十二步驟的支持人，或是實踐這些原則，作為激勵他人的楷模。

你藏私的東西，終會失去；你施予的東西，

將會永存。你曾經在你大部分的生活中，用你的頭腦去運轉。實踐十二步驟，幫助你用你的心去連結，你的關係將會變得更健康，正面積極的人將會持續進入你的生活。你的行為與行動，將會吸引其他也尋求以健康平衡來放鬆的人。你用不說教、不勸告，也不期望任何回報的方式，分享你的工作成癮及靈性成長的經驗。因為你的靈性覺醒，良性循環將會自行持久下去。你傳播的訊息及他人的轉變，將使你的心靈更充實、更強化，進而使你的人生豐富千倍。

12月 偉大的事

今年我想這樣生活 #CHILL

12月重點

- 和你心愛的人一起慶祝節日活動、共度一般假日，獲得更有意義的時光。

- 提醒自己擴展視野、留意盲點，把這個世界看得更清楚。

- 一整天以身體覺察來扎根自己，使你能夠保持專注於當下。

- 記得傳播正念工作／生活融合的訊息，學會放鬆，在你所有的生活領域作出回饋。

- 完成未竟之事，用專注的正念練習，重新開始。經常有意識地覺察，學會自在過生活。

- 找到你能夠在任何時候避靜、平靜與放鬆的內在聖壇。

- 別再想了！很多事情想破頭也不會改變。適時放下工作，開啟你的生活。

366劑放鬆良藥

1月1日　我花一些時間盤點我的生活，搭建暫時性鷹架。

1月2日　我監控想讓自己過荷的強烈欲望。

1月3日　我實踐時刻省思我的內在生活及我的環境。

1月4日　我實踐自我照顧。

1月5日　我承認我有缺點，並擁抱我的每一個缺點。

1月6日　和心愛的人及同事相處時，我練習充分專注於當下。

1月7日　我省思自己是否在未考慮負面預測之前就驟下結論。

1月8日　我歡迎無所事事的時光，把它們當作福賜。

1月9日　我索回我交給工作的權力。

1月10日　我辨識困難中隱藏的機會，藉此克服工作上遭遇的阻礙。

1月11日　我對自己的思想、感覺及行動負起責任。

1月12日　我認知到，當生活呈現許多可能的結果時，我應當冷靜，聚焦於手邊事務。

1月13日　我練習有耐心、自在地等待重要決定孵育出來。

1月14日　我破除把行程安排得太緊湊的習慣。

1月15日　我用自然的方式表達自己。

1月16日　我致力於在我的失去中看到收穫，在結束中看到開始。

1月17日　我不容許我的工作壓制我。

1月18日　我密切注意我如何對待心愛的人。

1月19日　我仔細檢視我的生活，開始作出有益的改變。

1月20日　我鼓起勇氣忍受自我探索帶來的強烈痛苦。

366 劑放鬆良藥

1月21日　我感謝我的人生，把握今日，以求明日沒有遺憾。

1月22日　我撥出時間，以不帶任何批判的慈愛，與我的問題或煩惱同坐。

1月23日　我認知到，我只須去做下一件對的事，無須煩惱別的。

1月24日　我省思如何改善態度。

1月25日　經歷打擊時（第一次打擊），我不再以毒舌抨擊自己，帶給自己第二次打擊。

1月26日　我知道在何處劃出界線，也知道這樣對自己和他人來說都是禮物。

1月27日　我繼續攀越度過艱難時期。

1月28日　昨日的我已逝，明日的我未知，唯有今日的我才是真實的。

1月29日　我敞開心胸歡迎我的情緒，就如同我對待他人。

1月30日　我用心注意我對他人的哪些批評，其實是反映了自己。

1月31日　我讓生活自然展開。

2月1日　我以仁慈、不帶批判的心態，注意我的思緒和感覺。

2月2日　我用心留意自己平日的身心狀態。

2月3日　我記得HALT代表：飢餓、憤怒、孤獨、疲倦，出現警訊時適時放鬆。

366劑放鬆良藥

2月4日　我要求明晰，為自己免去不必要的憂慮和壓力。

2月5日　我辨識工作過度何時阻礙我對自己與他人敞開心胸。

2月6日　我容許自己專注於真正重要的事。

2月7日　我實踐正念飲食。

2月8日　我練習感恩。我想要我擁有的，不是想要我沒有的。

2月9日　我形塑我想要怎麼想、怎麼感覺。

2月10日　我擁抱自我肯定，積極建立資源面對每天的挑戰。

2月11日　我學會保留最好的給自己，肯定自己的努力，成為最棒的朋友或同事。

2月12日　我要求自己在家時關閉紅色警戒，平日放慢步調。

2月13日　我開創道路，邁向希望和夢想。

2月14日　我用我的愛的語言對待生命中重要的人，並且學會以他們的愛的語言向他們傳達愛。

2月15日　我了解我的長期工作耐久度，取決於現在的生活平衡程度。

2月16日　我留意傾聽我的身體對我說什麼。

2月17日　我小心選擇我的自我談話，安慰自己，支持自己，建立勇氣。

2月18日　我無條件愛自己。

2月19日　我擺脫流經腦海的負面思想。

2月20日　我把我的心聲視為核可印記。

2月21日　我致力於過快樂、滿意的生活。

2月22日　我不是只看我做的事或達到的成就，我還會看這些以外的東西，肯定我的價值。

2月23日　我在所有的生活領域展現誠實可信。

2月24日　我培養以更熱情的方法，與我的靈魂連結。

2月25日　我會提醒自己，困難中隱藏著福賜。

2月26日　我問的不是生活如何對待我，而是我如何對待生活。

2月27日　我懂得適時關閉電子裝置，享受生活的其他樂趣。

2月28日　我感恩我已經擁有的所有完滿。

2月29日　我選擇增加靈性追尋，學會仰賴更強大的力量。

3月1日　我誓言好好照顧我的身體。

3月2日　我提醒自己擴展視角，看到世界的真貌。

3月3日　我在生活規則中包含充足的優質睡眠。

3月4日　我摒除造成不平衡思維的強迫性思想。

3月5日　我誓言以仁慈和尊重，對待我的身心靈。

3月6日　我為自己保留彈性，留有餘裕。

3月7日　我用艱難鍛鍊自己變得更有韌性。

3月8日　我不害怕跌倒。

3月9日 我感謝當下的富足，它使我和自己，以及生命中的深度富有連結。

3月10日 我注意聆聽我的負面思想何時製造盲點。

3月11日 我選擇沉著、仁慈地使用我的時間。

3月12日 我可以理性面對自我批評。

3月13日 我懂得展現同理心，進一步豐富生活體驗。

3月14日 我在生活的每個領域訂定目標。

3月15日 我讓自己擺脫追求物質與名聲的欲望。

3月16日 我誓言投入更多重要的事，而非聚焦於急迫的事。

3月17日　我戒除把我的意志強加於生活處境的需求。

3月18日　我像對待最好的朋友那樣對待自己。

3月19日　我擺脫恐懼,不再害怕自己不夠好,也不再害怕對生活失去掌控。

3月20日　我積極參與那些倚賴我的人的生活。

3月21日　我讓大自然把我帶出充滿電子裝置和急迫截止期限的人工世界。

3月22日　我經常餽贈自己專注於當下這份禮物。

3月23日　我用仁慈可愛的方式對自己說話。

3月24日　我提醒自己,任何時刻都能保持積極正面。

3月25日　我反省自己是否以誠實和尊重對待心愛的人，這是他們應得的。

3月26日　我開放自己擁抱改編敘事的可能性。

3月27日　下班後，我停止工作，成為一個更好的工作者、配偶和家長。

3月28日　我提醒自己跳脫心智陷阱。

3月29日　我可以看見自己有愛，以及變得更想展現愛。

3月30日　我看到自己走在痊癒的路上。

3月31日　我用明晰及自我洞察，把憂慮和沮喪當作過去。

4月1日　我透過冥想練習學習連結呼吸，讓自己變得更集中專注、更有生產力。

4月2日　我訂定更明確、更可達成的工作目標。

4月3日　我學習不抗拒。

4月4日　我記得放下工作，做一些可以為我帶來更多快樂或滿足感的事。

4月5日　我保留足夠時間產出我的工作抱負。

4月6日　我克制自己相信或認同負面思想。

4月7日　我用開放、仁慈的心態面對衝突。

4月8日　我不讓內心談話干擾我專注於當下。

4月9日　我選擇一件我以前做過的事，但現在改用不同的方法去做這件事。

4月10日　我在平凡中找到美麗。

366劑放鬆良藥

4月11日　當我覺得事情不稱心如意時，我放下我的負面反應。

4月12日　我勇敢面對憂慮、批評與恐懼。

4月13日　我原諒自己。

4月14日　我試著融化凍結的情緒。

4月15日　我學會隨遇而安。

4月16日　我把憂慮視為我的一部分客觀看待。

4月17日　我把每個經驗視為增強韌性、愛心與仁慈的成長機會。

4月18日　我致力於以更有人性的方式工作。

4月19日　我重新關心我心愛的人的生活。

4月20日 我能夠有效判斷什麼對我的工作成效很重要，什麼會妨礙我的工作成效。

4月21日 我學會用心照料我的個人生活，就像照料我的工作。

4月22日 我問自己可以如何更仁慈對待我生活的這個星球。

4月23日 我放下怨恨。

4月24日 我主動改善和同事的工作關係。

4月25日 我順其自然，保持彈性，樂於合作。

4月26日 我接受無常，擁抱不確定性。

4月27日 我克服對親近的恐懼，努力接受。

4月28日 我學會從傷痕中找到力量。

今年我想這樣生活 #CHILL

4月29日　我可以放鬆好好吃頓飯。

4月30日　我觀察助長我的工作成癮的特質，但不貶低自己。

5月1日　我吟誦，藉此清理心智中帶來壓力的工作思想，放鬆肌肉緊張。

5月2日　我花更多時間自省。

5月3日　我把運動列為優先事項之一。

5月4日　我不讓工作壓力轉移至個人生活。

5月5日　我花時間軟化我的心，與自己連結。

5月6日　平日我會調整步調。

5月7日　我接受我自己有許多面向。

5月8日　我擁抱激勵我的良性壓力。

5月9日　我愈來愈自在於保持沉著冷靜。

5月10日　我以內在剛毅展開每一天。

5月11日　我決心過更健康、更平衡的生活。

5月12日　下結論之前,我先查證事實,避免不必要的憂慮。

5月13日　我主動發掘真我,它一直被生活中的種種需求掩蓋了。

5月14日　我主導自己的生活。

5月15日　我控制電子裝置,不是讓它們控制我。

5月16日　我會記得放下工作,好好休息,恢復身心活力。

366劑放鬆良藥

5 月 17 日　工作發生不愉快，我也會保持踏實。

5 月 18 日　我克制負面思想，學會用不同角度去看。

5 月 19 日　我覺察自己對壓力的心理反應，但不因此屈服。

5 月 20 日　我選擇我喜歡的活動。

5 月 21 日　我觀察壓力情緒狀態，直到不安的情緒消退。

5 月 22 日　我願意和我愛的人分享問題。

5 月 23 日　我放慢我的工作生活。

5 月 24 日　我學會拒絕在工作上或關係中看低自己的價值。

5月25日　我把工作放在我的生活的其中一個象限，其餘三個象限是玩樂、自我照顧及親密關係。

5月26日　我善用好奇心作為明晰的門徑。

5月27日　我有時把自我照顧擺在優先於工作承諾。

5月28日　我不輕易放棄。

5月29日　我不是工作的奴隸。

5月30日　我用新鮮、警覺之眼去看。

5月31日　我消除自我欺騙。

6月1日　我變得更敏銳，能夠留意周遭的一切。

6月2日　面對負面情況，我能夠探索正面。

6月3日　我為他人的好運感到高興。

6月4日　我在檢視自己的缺點時，只看本質。

6月5日　我用積極正面的行動，開啟廣泛的可能性。

6月6日　我認知到，神智清明可減少「非黑即白」的極端思維。

6月7日　我挖掘內在更大的勇氣。

6月8日　我尋求他人的協助，支持我從工作成癮中復原。

6月9日　我懂得尋找放鬆的方法。

6月10日　我成功擺脫「冒充者症候群」。

6月11日　我懂得安撫那個焦慮的我。

6月12日　我懂得拋棄頑固的期望。

6月13日　我看到我的生活以該有的方式開展。

6月14日　我了解，重要的改變需要時間。

6月15日　我學會暫時放下要務，休息一下。

6月16日　面對生活，我會事先考慮。

6月17日　我在職場善用幽默。

6月18日　我坦誠溝通我的需求。

6月19日　我懂得在忙碌行程中減壓。

6月20日　我認知到，我不需要在工作上當個超人。

6月21日　我尋找靈性立足點，恢復我的意義與目的感。

6月22日　「兵來將擋，水來土掩」，我告訴自己要學會這點。

6月23日　我在合理的工作時間內展現工作效率。

6月24日　我花時間對自己說說鼓勵的話。

6月25日　我告訴自己，不論生活向我丟出什麼曲球，我都能夠接住。

6月26日　我知道「孤獨」與「獨處」不同。

6月27日　我學會質疑我的感知威脅，使自己冷靜下來。

6月28日　我懂得適時關閉戰鬥模式，不以好鬥心態處理個人和工作上的事情。

6月29日　我提醒自己，我比我的拖延病更有力量。

6月30日　我真實面對自己，盡可能發揮影響力。

7月1日　我每天無所事事幾分鐘，純粹放空。

7月2日　我區別什麼是必要的工作，什麼是非必要的工作。

7月3日　我懂得抗拒「要是……就好了」（if only）及「除非……」（only if）的念想。

7月4日　我能夠不讓生活中的曲球支配我在工作上或家裡的幸福。

7月5日　我慶祝全國工作狂日，做什麼都好，就是不處理工作。

7月6日　我擁抱及專注於此時此刻。

7月7日　我練習回歸「初心」，試圖看得更清楚。

366劑放鬆良藥

7月8日　我知道不要把事情複雜化，能夠避免小題大作。

7月9日　我讓創造力自由發揮。

7月10日　我用好奇心去觀察我腦海中不愉快的自我談話，不作出任何評斷。

7月11日　我強壯、自立。

7月12日　我以我展現真我的能力來衡量我的價值。

7月13日　我讓熱情帶領我度過每一天。

7月14日　我盡力調整我的強迫性過度工作習慣。

7月15日　我提醒自己記得：我的內在力量比眼前的阻礙更強大。

7月16日　我會記得愛自己，給自己溫柔的照顧。

7月17日　我把工作變成星星，而不是太陽。

7月18日　我管理我的心智，不是讓它支配我。

7月19日　我不執著於追求完美。

7月20日　我認知到，正面積極的展望賦予我更大的信心。

7月21日　我不再害怕或隱藏什麼。

7月22日　我平日盡可能接觸大自然。

7月23日　我展現善行，不期望回報。

7月24日　我接受工作的不確定性，因為這非我能掌控。

7月25日　我召喚內心的力量，應付工作成癮復原過程中面臨到的種種挑戰。

7月26日　我對我的能力更有信心了。

7月27日　我放慢步調，順從生活的安排。

7月28日　我設置一個不工作區，在那裡為自己充電。

7月29日　我不會因為工作而讓生活其他方面停擺。

7月30日　我勇於冒險犯錯。

7月31日　我努力改掉缺點。

8月1日　我懂得活在當下。

8月2日　我平日懂得少做、多感受，適時放鬆一下。

8月3日　我更加留意言語可以造成傷害，但也可以有癒合作用。

8月4日　我相信機會之門會為我而開。

8月5日　我提醒自己，我的生活何處存在富足。

8月6日　我克服過去的情感痛苦。

8月7日　我向內心尋求我以往在腦袋中尋求的答案。

8月8日　我學會順其自然，不再執拗。

8月9日　我問自己最近運用雙手創造什麼，把自己照顧得更好。

8月10日 我放掉不重要的事，這樣才有餘裕去做更有益的事。

8月11日 我懂得利用每一次的挫折作為教訓，增強我的剛毅。

8月12日 我能夠腦力激盪出更好的解決方案。

8月13日 不論順境逆境，我都能夠成長。

8月14日 我自問懂得克制能夠帶給我什麼優勢。

8月15日 我盡我的全力，這樣就好。

8月16日 我肯定我的成就。

8月17日 我知道，我的周遭及內在發生的事，比我所知道的還多。

8月18日 我探索灰色地帶。

8月19日　我先從內在發掘快樂。

8月20日　我設計我想要的生活。

8月21日　我以仁慈及體貼來為我服務的人做事。

8月22日　我能夠活在當下。

8月23日　我重新架構我的展望。

8月24日　我站起來的次數，永遠比跌倒的次數多一次。

8月25日　我讓內心的渴望指引我如何與他人融合、如何自我實現。

8月26日　我把我與他人的連結列為優先要務。

8月27日　我認為，我的生活值得慶祝。

今年我想這樣生活 #CHILL

8月28日　我對工作劃出界線，保留時間玩樂。

8月29日　我花時間刻意朝向「高我」（Higher Self）邁進。

8月30日　我知道，我有充足時間可以做好需要完成的事。

8月31日　我學會對所有因為我工作過度而受到傷害的人作出修補。

9月1日　我向生活中值得敬畏的時刻致敬。

9月2日　我創造特別時光，與心愛的人相處。

9月3日　我對我的工作空間作出小改變，使它在視覺上變得更舒服。

9月4日　我檢視那些破壞我的平衡的工作習慣。

9月5日　我認知到，我並非總是知道他人行動的動機。

9月6日　我試著探索並面對造成我強迫性工作過度的根本原因。

9月7日　我學會不去聽反對的聲音。

9月8日　我具備成功所需要的一切。

9月9日　我不需要馬上完成每件事。

9月10日　我知道我並非總是能夠控制結果。

9月11日　當我充滿自我懷疑時，我會對自己說些鼓勵的話。

9月12日　我能夠三思而後行。

9月13日　我練習微笑，直到我總是自然微笑。

9月14日　我用好奇心觀察我的壓力。

9月15日　我把每一天當作最後一天生活。

9月16日　我提醒自己，不是事事都急迫。

9月17日　我重訪工作狂互助會的第二步，修正我的強迫性工作習慣。

9月18日　我更常歡笑。

9月19日　我遵循自我照顧的十誡。

9月20日　我克制把行程排得太滿。

9月21日　我致力於不再加深以往的憤恨。

9月22日　我探索如何無條件地愛自己。

9月23日　我重視豐富的內在生活。

9月24日　我積極參與家庭活動。

9月25日　我知道,我的期望應該有個限度。

9月26日　我訂定個人每日目標,與公司目標並存,在日常中落實這些目標。

9月27日　我的狂喜來自我與仁慈、健康及靈性的自我連結。

9月28日　我的創造本能來自內在一個不同於強迫性工作過度的地方。

9月29日　我用「有時」與「經常」之類的平衡字眼,取代「總是」與「從不」之類的誇大字眼。

9月30日　我把不好的行為改變成更體貼、更有愛心的行為。

10月1日　我經常向內求。

今年我想這樣生活 #CHILL

10月2日	我更仁慈地思考與感覺。
10月3日	我不聚焦於總是正確。
10月4日	我感謝所有犧牲時間來幫助我的人。
10月5日	我以溫和自信表達我的觀點。
10月6日	我覺察於今天。
10月7日	我改變工作狂傾向。
10月8日	我不急著為事情下定義。
10月9日	我培養能夠促進成功的健康工作習慣。
10月10日	我預留空間給日常的意外狀況。
10月11日	我思考如何創造新常態。

10月12日　我懂得轉向，不是等待體驗本身有所改變。

10月13日　我專注於優先要務。

10月14日　我欣然擁抱小災難及大挑戰。

10月15日　我不憂煩生活何時將會發生什麼、如何發生。

10月16日　我更常去戶外。

10月17日　我做偉大的事。

10月18日　我力求單純化。

10月19日　我注意自己的防禦行為。

10月20日　我認知到，我遇到的每一個人，都有一部分跟我相同。

今年我想這樣生活 #CHILL

10月21日 在作出最壞設想之前，我先尋求鐵證。

10月22日 我對工作以外的請求多說「好」。

10月23日 我用健康的方式善用工作，創造更充實、富足、有成就感的人生。

10月24日 我為我的生活建立健康的平衡。

10月25日 我讓自己發光。

10月26日 我重新調整心態。

10月27日 我開始時時刻刻作出有意識的選擇。

10月28日 我致力於盡量完成人生清單上的事項。

10月29日 我肯定我已經走了多遠，留意自己的進步。

10月30日　我尋找更開放心胸的理由。

10月31日　我能夠盤點、省視我的錯誤，然後放下，繼續往前走。

11月1日　我在我的辦公椅上做椅子瑜伽。

11月2日　我關閉腦海中的批評聲音。

11月3日　我注意我會逃避不愉快的人及情況的傾向。

11月4日　我信賴我信任的人提出的反饋意見。

11月5日　我絕不停止嘗試。

11月6日　我在個人及專業生活實踐佛教徒所謂的「正見」。

11月7日　我有意識地深呼吸，腹式呼吸，深吸深吐。

11月8日　我重新點燃與他人的關係。

11月9日　我暫停下來，觀看我的內在景象。

11月10日　我挖掘我的內在資源。

11月11日　我和混亂惱人的事件保持一定距離。

11月12日　我經常想起我帶到工作上的固有價值。

11月13日　我保留時間給為我帶來更多活力的嗜好。

11月14日　我學習由內而外地生活，不再企圖掌控外面的世界。

11月15日　我思量人生中出現的痛苦。

11月16日　我使用正面訊息，肯定自己的能力。

11月17日　我興奮看待未來的成功。

11月18日　我把自負放到一邊，讓我的心引領我。

11月19日　我了解，生活不會按照我的要求。

11月20日　我懂得擺脫恆常處於紅色警戒的狀態。

11月21日　我看出心愛的人對我們的關係付出很多。

11月22日　我不把自己想成或變成受害者。

11月23日　我放下我的成癮思想。

11月24日　我努力和我的靈魂重新連結。

11月25日　我撥出時間向真正重要的人表示感謝。

11月26日　我祈禱我有勇氣逐一解脫怨恨與嫌隙。

11月27日　我努力擺脫被工作壓力驅動。

11月28日　我開始滋養我的內在小孩。

11月29日　我學習捐棄錯誤的信念。

11月30日　我透過冥想，改善我的生活體驗。

12月1日　我學會培養幫助我用更開放、更明智、更有彈性的方式看待工作的做法。

12月2日　我盡可能專注於當下，把握好每天的生活。

12月3日　我充分體驗悲傷，透過悲痛來轉化，癒合創傷。

12月4日　我認知到，我總是可以選擇去感受幸福。

12月5日　我考慮練習行禪（行走冥想），保持專注力。

12月6日　我留心別對他人或自己貼標籤。

12月7日　我尋求能夠帶給我滿足與成就感的人生目的。

12月8日　我更聚焦於關注心愛的人。

12月9日　我善用不滿尋求更深層的內在滿足感。

12月10日　我敞開心胸擁抱同事的創造力心流。

12月11日　我不再允許工作行程奴役我。

12月12日　我做得更少。

12月13日　我練習接地冥想，擴展當下的覺察力。

12月14日　我注意我的盲點。

12月15日　我相信，時候到了，該來的終會到來。

12月16日　我從我築的牆上取下一顆石頭。

12月17日　我努力做到不傲慢自負。

12月18日　我不過度依賴我的邏輯心智。

12月19日　我認真完成我的「存在清單」，一如認真完成我的「待辦清單」。

12月20日　我對誠正且把握當下的生活引以為榮。

12月21日　我經常受到相遇的人鼓舞。

12月22日　我避免在傷害之外加上羞辱。

12月23日　我努力讓事情變得有趣。

12月24日　我天天展現仁慈與同理心。

12月25日　我以對我心愛的人有意義的方式慶祝節慶假日。

12月26日　我規劃在何時、何處為我的目標採取行動。

12月27日　我感受更多的快樂與樂趣。

12月28日　我留意自己是否過度分析一個問題，學會停止這麼做。

12月29日　我準備好面對日常例程。

12月30日　我治癒我的有害態度，完成未竟之事。

12月31日　我慷慨無私地施予。

366劑放鬆良藥

臨別的話
無所事事的甜蜜：
每天5分鐘的練習

生命充滿可能性，現在你已經透過放鬆的十二個月，取得了進展。你已經具備實踐可能性、為生活注入平衡所需要的一切方法。但是，就在你認為你已經搞定時，一切又將重頭開始。詩人艾略特（T. S. Eliot）說得好：「我們所謂的開始，往往是結束。劃下句點，就是劃下開始。終點，就是我們的起點。」

在「做事」（你的工作）和「存在」（你的個人生活）之間達到平衡，是一場永無止境的舞蹈。尤其在重視「做事」勝過「存在」的文化，「閒置的頭腦是魔鬼的工坊」（An idle mind is the devil's workshop）這句諺語，在你的腦海裡如霓虹燈般

閃個不停。從小到大，你被教導相信，只要你做得愈多，你的價值就愈高。若你跟大多數的人一樣，你會繼續掙扎於尋找甜蜜點——「做事」與「存在」兩者的中道。生活中的曲球，將會繼續天天找上你、挑戰你。一些人（包括你本身在內）將對你有很多期望，對你提出不合理的需索。不論水星是否逆行，生活將不會總是稱你的心、順你的意。工作壓力及家庭義務將會時時緊盯著你，你偶爾甚至可能感覺這個世界共謀對付你，其實不然。

別忘了總是有好消息！當你使用工具，由內而外放鬆，冷靜與滿足感將會自外而內地回愛你。每當你陷入壓力時，請撥出 5 分鐘的時間，後退一步。在困難中找到機會，你就會變得更堅強、更冷靜、更快樂。祝福你找到那個忙碌生活與放鬆空閒並存的甜蜜點——沒有要務、沒有什麼事情需要你趕著去修正或完成。這種甜蜜是什麼都不做的純粹快樂，只需要 5 分鐘「無所事事的甜蜜」，內心祥和與平靜，你輕聲告訴自己，這就是專注於活在每一個當下的福賜。

　　歡迎回到終點 —— 你的起點，也是你新的開始點。請繼續鑿開你內在的冰凍之海，直到一個完全成形、眨著清澄放鬆之眼的你顯露出來。

臨
別
的
話

謝辭

　　本書的起點就像一座巨大的黏土塊，等著被雕塑成現在握於你手上的成品。很多人幫我把文字雕琢成這本有條理、看起來賞心悅目，但願讀起來也令人覺得有趣、實用的刊物。我不信巫術、女巫的佳釀、巫毒或黑色魔術之類的東西，但我相信魔法——能幹且盡心盡力者手上的魔法，他們的支援對這本書施展了魔法，讓文稿得以出版。

　　首要感謝的是我的配偶傑米・麥卡勒斯〔Jamey McCullers，著名女作家卡森・麥卡勒斯（Carson McCullers）的堂弟〕：沒有你的堅定支持，這本書不會存在。你沒有繼承卡森的寫作基因，但你是個會施展法術，變出不混亂、迷人生活與美麗背景的男巫。在我的整個寫作生涯，你用

愛的語言對我說話，提供愛的照顧——烹飪，防止我們的三隻狗來干擾我。你從溫室把外國品種蘭花移到我的書桌上，為我煮一壺乾燥花瓣，製造滿屋的芳香。你為我準備營養的食物和飲料，照料我們的生活。你是我的愛情藥水，我愛你。

在此向我的經紀人——Worldlink文學經紀公司的 Dean Krystek，致上最誠摯的感謝。感謝他從一開始就堅定相信這本書的創作計畫，堅持不懈地為這本書找到一個家。感謝書籍行銷公關公司 JKS Communications，以及我的宣傳人員 Sara Wigal 和 Max Lopez。他們用有創意的顧問見解和支持，從頭到尾支援這本書的作業。感謝 Abby Felder 建議我在英文書名「Chill」之前加上一個「#」符號。

我要大聲感謝我的編輯 John Paine，他潤色我的文字，使它們變得更易讀、更易懂。感謝我在國際驚悚作家協會（International Thriller Writers）的所有同事及朋友，他們支持有抱負的作家、新出道的作者，以及經驗豐富的作家：Kimberley Howe、Jenny Milchman、Lee Child、Nancy

Bilyeau、Dawn Ius、Steve Berry、M. J. Rose、Wendy Tyson、Barry Lancet、Elena Hartwell，以及 Sheila Sobel。

　　感謝我的技術顧問Charlie Covington協助本書原稿的格式化，指導關於網際網路及電子方面的事務。感謝攝影藝術家Jon Michael Riley慷慨撥冗，匠心拍攝狗狗哈森和我，作為本書的作者照片。衷心感謝HarperCollins／William Morrow出版公司的優秀團隊，感謝你們相信我，和你們共事非常愉快，包括：資深副總Lisa Sharkey、我的編輯Anna Montague，以及我在該公司的宣傳Julie Paulauski。你們的興奮和足智多謀具有感染力，為成品增色甚多。

　　感謝才華洋溢的各類型作家，抽出原本可用於撰寫自己作品的寶貴時間，閱讀這本書的原稿，並且撰寫推薦語，包括：Alanis Morissette、Harville Hendrix、Tara Brach、Amit Ray、Mark Leary教授，以及Peg O'Conner教授。感謝我親愛的朋友與家人，呵護、支持我度過所有作家都會遭遇的日常挑戰，包括：Jamey McCullers、Lynn

Hallman、Glenda Loftin、Karen DuBose、Rick Werner、Edward Hallman、Debra Rosenblum、Martha Strawn、Bill Latham、Sarah Malinak、Edith Langley、Robbins Richardson，以及 Janet Bull。

　　最後，感謝所有在壓力鍋裡掙扎、對工作成癮及生活平衡有所誤解的讀者。工作成癮文化似乎更瘋狂、迅猛地把我們推下明智且健康的生活懸崖，我衷心希望這本書能把你引領至什麼都不做的甜蜜點——放鬆的時刻，活在當下，充分品味你的生活。

開始，往往是結束。

終點，就是我們的起點。

生命充滿可能性，勇於嘗試新事物。

Star 星出版 生活哲學 LP006

今年我想這樣生活：
全新生活提案

#Chill:
Turn Off Your Job and Turn On Your Life

作者 —— 布萊恩‧E‧羅賓森 博士
　　　　Bryan E. Robinson, Ph.D.
譯者 —— 李芳齡

總編輯 —— 邱慧菁
特約編輯 —— 吳依亭
校對 —— 李蓓蓓
封面完稿 —— 劉亭瑋
封面圖片 —— Getty Images
內頁排版 —— 立全電腦印前排版有限公司

讀書共和國出版集團社長 —— 郭重興
發行人兼出版總監 —— 曾大福
出版 —— 星出版／遠足文化事業股份有限公司
發行 —— 遠足文化事業股份有限公司
　　　　231 新北市新店區民權路 108 之 4 號 8 樓
　　　　電話：886-2-2218-1417
　　　　傳真：886-2-8667-1065
　　　　email: service@bookrep.com.tw
　　　　郵撥帳號：19504465 遠足文化事業股份有限公司
　　　　客服專線 0800221029
法律顧問 —— 華洋國際專利商標事務所 蘇文生律師
製版廠 —— 中原造像股份有限公司
印刷廠 —— 中原造像股份有限公司
裝訂廠 —— 中原造像股份有限公司
登記證 —— 局版台業字第 2517 號

出版日期 —— 2022 年 02 月 10 日第一版第二次印行
定價 —— 新台幣 430 元
書號 —— 2BLP0006
ISBN —— 978-986-06103-6-9

星出版讀者服務信箱 —— starpublishing@bookrep.com.tw
讀書共和國網路書店 —— www.bookrep.com.tw
讀書共和國客服信箱 —— service@bookrep.com.tw
歡迎團體訂購，另有優惠，請洽業務部：886-2-22181417 ext. 1132 或 1520
本書如有缺頁、破損、裝訂錯誤，請寄回更換。
本書僅代表作者言論，不代表星出版／讀書共和國出版集團立場與意見，文責由作者自行承擔。

國家圖書館出版品預行編目（CIP）資料

今年我想這樣生活：全新生活提案／布萊恩‧E‧羅賓森 博士
（Bryan E. Robinson, Ph.D.）著；李芳齡 譯.
第一版 . – 新北市：星出版，遠足文化事業股份有限公司，
2022.01
352 面；13x19 公分 . --（生活哲學；LP 006）.
譯自：*#Chill: Turn Off Your Job and Turn On Your Life*
ISBN 978-986-06103-6-9（平裝）
1. 抗壓 2. 生活指導 3. 成功法
176.54　　　　　　　　　　　　　　　　110020965

新觀點
新思維
新眼界